中国省际人口迁移和区域经济发展研究

——基于"六普"数据的分析

THE RESEARCH ABOUT PROVINCIAL
POPULATION
MIGRATION
AND REGIONAL ECONOMIC
DEVELOPMENT OF CHINA:

An Analysis Based on
the Sixth Census Data

李袁园　著

社会科学文献出版社
SOCIAL SCIENCES ACADEMIC PRESS (CHINA)

目　录

引　言

新中国成立后，各行各业百废待兴，为了改变工业落后的局面，1953年我国启动了第一个五年计划，目的是集中力量支援社会主义工业化建设，国家各项资源、资金均投入到工业、重工业的项目建设中，该段时期人口的自由迁移也是不受限制的，传统农业支持工业现代化的发展为工业的原始积累贡献了巨大的力量，也因此拉开了工农之间、城乡之间的经济发展差距。工业化建设带动了城市化的发展，城市就业机会不断增多，在工业蓬勃发展推动城市化进程加速的背景下，人口的迁移流动也越来越活跃，城镇人口激增，但这种盲目的、无节制的人口迁移导致了粮食供应紧张。针对这一问题，国家首先采取了统购统销的分配制度，该制度在缓解粮食供应紧张问题上起到了很大作用，但也成为日后国家二元社会经济结构形成的基础。为了进一步控制人口迁移，缓解城乡矛盾，1958年我国开始实施户籍制度，并于20世纪60年代初将户籍制度与统购统销制度相结合，可以说，中国特色的户籍制度是公共产品供给和分配的历史产物。户籍制度成为控制人口迁移流动最有力的工具，严格控制人口的迁移流动，使城乡之间出现明确的界限划分。

改革开放之后，我国工业化、城市化和经济现代化发展越来越快。为了培育和建立社会主义市场经济体制，提高经济活力、发展城市经济，我国逐步放开了严格的户籍管理制度，人口空间分布凝固的状态逐渐得以改变，人口迁移流动的规模日趋扩大。大规模的人口迁移流动，对我国社会、经济、文化等方面产生了深远的影响。可以说，改革开放是我国人口由计划迁移转向自由迁移的转折点。在改革开放之后的这三十多年时间里，我国的经济发生了翻天覆地的变化，同时，迁移人口这一特殊的社会群体也发生了巨大的变化，人口迁移与区域经济发展之间的关系更加紧密。在市场机制的作用下，区域间的经济发展差距促进了人口迁移，人口迁移不但推动了地区经济的发展，而且对抑制区域差距进一步扩大也起到了积极的作用。因此，有必要深入研究我国人口迁移的现状和未来发展趋势，为科学制定相关的政策提供依据，促进人口与经济协调发展。

虽然目前国内外对人口迁移方面的研究文献已经不胜枚举，但在现有文献中根据我国国情从省际人口迁移角度进行研究的不多，而对跨省迁移人口的迁入与迁出及其与区域经济发展关系的研究更是寥寥可数。本书基于笔者 2013 年博士毕业论文的研究内容，并在此基础上做了进一步的修改与完善。我国第六次人口普查数据刚公布不久，这是继第五次人口普查后第二次对人口迁移各方面数据做的详细调查。因此，利用两次人口普查数据对我国人口迁移的新特征、未来发展趋势及其与区域经济发展关系的变化进行全面的比较分析是十分有意义的。

本书对省际迁移人口的人口特征和区域特征进行了详尽的

比较分析和归纳总结。一方面，以第五次人口普查和第六次人口普查数据为依据，比较两段时期我国人口迁移率、迁移规模，迁移人口年龄和性别特征，迁移人口的文化素质水平、职业构成，以及迁移原因的变化，为把握人口迁移的发展趋势做铺垫；另一方面，本书还对我国区域经济总体发展状况做了分析，从而能够在经济发展和人口迁移之间建立联系，为接下来研究人口迁移与区域经济发展的关系提供依据；此外，还分别以我国东、中、西三大区域为研究视角，比较不同区域人口迁移的特点及其与区域经济发展的关系；最后，归纳、总结 21 世纪以来我国人口迁移的主要特征和未来发展趋势，以及目前我国省际人口迁移存在的问题，并且根据这些问题提出相应的解决建议。

2000 年以来，我国人口迁移规模总体呈迅速扩大的趋势，跨省的人口迁移规模扩张速度较快；省际迁移人口中未受过教育或受过初等教育的比重呈增大趋势，而高等学历的迁移人口跨省迁移的倾向明显减弱，但该类人群在本省范围内的迁移较活跃；经济因素仍是影响人口迁移最为主要的因素，其中，因务工经商而发生迁移的人口在目前所有经济因素中所占比重最大，并且呈快速上升趋势。

21 世纪以来，我国的人口迁移中心发生了变动。上海成为我国最大的人口迁移中心，而广东和新疆作为"五普"时期的人口迁移中心，其迁移地位大幅下降，其中，新疆已不再是我国的人口迁移中心。在这几大迁移中心中，环渤海经济圈的人口迁移主要是区域内部各省之间近距离的人口迁移，如北京和天津的迁移人口较多地来自周边的河南、山东；而长三角和珠三角对人口的吸引作用较强，迁移人口有很多来自距离相对较远的省份，如广东的迁移人口有很多来自较远的四川、河南、重庆、陕西等省份。

从人口迁入与迁出地的地区特征来看，迁出人口规模较大的地区一般来说具有人口数量多、农业耕地面积大、工资水平低的特征，潜在迁移人口的文化素质越高，则迁移倾向越大；人口迁入中心地区的共同特征包括：对外开放程度高、企业数量多、经济规模大、工资水平高，而且就业机会也较多。

从人口迁移对区域经济的影响看，人口迁移对迁入地经济发展贡献最大，除了人口迁移之外，从事第三产业的人口、投资水平和地区总人口变量对人口迁入地的经济影响也较大，因此，可以通过提高人口迁入规模、发展第三产业、加大投资力度和提高城市化进程来进一步推动人口迁入地经济的发展；然而，人口迁移对迁出地的经济影响不大，而直接投资和从事第二产业的从业人员数量则对迁出地经济影响较大，因此，推动人口迁出地经济发展可以从加大投资力度、发展第二产业入手。

从区域经济发展对人口迁移的影响看，地区经济发展的差距对人口迁移影响非常大，地区经济发展水平较为落后使人们产生了迁移动机，形成了推动人口迁移的"推力"，同时，其他地区较高的经济发展水平和工资待遇又对潜在迁移人口产生了"拉力"，在"推力"和"拉力"的共同作用下，人们会向那些比较利益更大、经济更发达、收入水平更高，并且还具有一定社会关系的城市迁移。此外，距离因素也在很大程度上影响人们的迁移决策，人们会考虑迁移成本因素，所以，距离越远的地区，迁移人口的迁移积极性越低。

比较我国东、中、西三大区域迁移人口的总体特征，能够得到区域人口迁移的一般特征。我国省际人口迁移的地区分布差异较大，其中，东部地区的总迁入人口主要来自中部地区，但是，北部核心的北京和天津的迁移人口更多的来自东部地区，其次才是中部地区；由东部迁入中部地区的人口主要是由迁移人口的回乡流构成的；西部地区的迁入人口则主要是在本区域内部各省之间流动。

从三大区域的人口迁移与区域经济的关系看，迁入地的经济收入对人口的吸引作用大于迁出地收入水平和经济规模对人口的推排作用，说明人口迁移主要是为了能够获得更高的收入，提高生活水平。其中，迁入东部地区的人口主要是受东部经济收入水平较高的吸引；中部和西部地区的迁出人口主要迁入经济收入水平较高的地区，而且，这些人口群体多数来自中西部经济相对较为发达的地区。

从东、中、西三大区域的人口迁移原因看，我国因务工经商而进行省际迁移的人口数量最多，且男性因该原因而迁移的人口比重高于女性。中部和西部地区因务工经商而迁移的人口性别比差距最大，男性远远多于女性，东部地区则相差不大。中部和西部地区的迁移原因除了务工经商之外，家庭因素导致的人口迁移比重也较高，而且，该类原因中女性迁移人口比重远高于男性。

以上就是本书所要研究的主要内容，具体的内容、数据和研究方法在书中一一做了详细的介绍，希望本书研究能够为我国人口迁移研究工作提供一些新的信息。由于水平有限，书中论述如有不妥之处，请各位读者不吝斧正。

第一章

人口迁移的理论与国内外相关研究

第一节　国外经典迁移理论与模型

国外对人口迁移的研究较早，并且已经形成了比较系统的人口迁移理论思想体系。最早研究人口迁移的当属 17 世纪古典经济学创始人威廉·配第，他首次从经济学的角度对人口迁移流动进行解释，他认为决定人口迁移的关键是比较经济利益，当经济收益出现差异的时候，就会推动人口向比较经济利益较高的地区迁移，使他们能够在迁移后获得更大的个人效用。持此观点的还有著名的发展经济学家托达罗，他认为决定农民能否实现由农村向城市迁移的主导因素是城乡实际收入的差别以及能否在城市找到一份工作。舒尔茨也认为迁移是一种由成本决定行为的活动，只有当迁移效益大于迁移成本，才会产生人口的实际迁移行为。①

----

① 国家人口发展战略研究课题组：我国人口迁移区实际空间格局演变研究，国家人口发展战略研究报告（上），中国科学院地理科学与资源研究所课题组：701－702。

一 国外经典人口迁移理论

1. 莱文斯坦迁移法则

统计学家莱文斯坦（Ravenstein，1889）[1] 从人口学的角度全面分析了人口迁移的原因，并通过数据对人口迁移的规律进行了详尽而具体的分析，总结出人口迁移规律，提出了人口迁移的 6 项法则：①迁移人口与空间距离呈反向变动关系，离商业中心距离越远的地区，迁移人口数量则越少；②人口迁移流呈阶梯递进的模式，距离城市较近地区的人口迁移所带来的人口空缺会由更远地区的人口添补，这样人口迁入城市的吸引力可以波及最偏远的地区；③迁移流的方向是双向的；④迁移倾向的区别，即不同类别和性别居民的迁移倾向也存在差异，城镇居民相对农村居民的迁移倾向较小，女性更倾向于短距离的迁移；⑤交通运输工具的便利与城镇工商业的发展均能促使人口迁移；⑥经济原因是促使人口迁移的主要因素。

2. 推一拉理论

推一拉理论是人口迁移理论中受到学者广泛认同、应用最为广泛的理论之一，是分析人口迁移原因的最佳理论依据。早在 20 世纪 30 年代，在赫博尔（Herberle）发表的《乡村一城市迁移的原因》一文中就提出了人口迁移的"推力"和"拉力"的概念。[2] 后来，唐纳德·丁·博格（D. J. Bogue）等人对该理

---

① Ravenstein, E. G. The Laws of Migration Journal of the Royal Statistical Society, 1889, 52: 241 – 301.

② Herberle R: The Causes of Rural – Urban Migration: A Survey of German Theories American Journal of Sociology, 1938 (43): 932 – 950.

论做了进一步的完善，主要从迁出地和迁入地的自然环境、就业机遇、社会经济发展差异等方面构成的推拉力量对人口迁移的原因进行解释。[①]

1966 年，李（E. S. Lee）在莱文斯坦和博格的基础上发展了迁移理论，在《迁移理论》一文中再次对推—拉理论进行深入拓展，提出了影响人口迁移的因素，试图解释从人口迁出地到迁入地的迁移过程中，迁移人口对吸力和阻力所做出的不同的反应，从迁入地、迁出地的影响因素、迁移过程的障碍因素，以及个人因素四个方面讨论其对人口迁移的影响。他认为人口在迁移的过程中存在许多障碍因素，一方面是迁入地和迁出地的许多因素对迁移决策产生影响，人们对迁入地的了解也会在很大程度上影响人们的迁移行为，具体包括：①人口的迁移选择性；②正向人口迁移与负向人口迁移的划分；③迁移的中间障碍越大，淘汰率越高，迁移的选择性也就越强；④迁移选择的过程与人的生命周期密切相关；⑤迁移人口的特征介于原居住地人口和迁入地人口之间。[②] Lee 虽然对推—拉理论进行了完善，但由于缺乏科学的推断和前提假设的检验，因此在应用上具有一定的局限性。

此外，古典的推—拉理论认为人口迁移的主导因素是迁入地和迁出地工资差别所导致的，人口的迁出将降低迁出地的劳动力供给，从而导致迁出地工资水平的上升；而人口迁入地会

---

① Mabogunje, A. K. A System Approach to a Theory of Rural – Urban Migration Geographic Analysis, 1970（2）: 10 – 11.

② Everett S. Lee. A theory of Migration Demography, 1966, 3（1）: 47 – 57.

9

由于劳动力供给的增加而使工资水平趋于下降。最后，当迁入地与迁出地工资水平达到均衡时，劳动力也将停止迁移流动。

3. 投资—收益理论

舒尔茨（T. W. Schultz）在他的《人力资本投资》中，把"个人和家庭迁移以适应不断变化的就业机会"看作人力资本投资的主要因素之一。[①] 因此，根据舒尔茨的理论，可以解释人口迁移的原因，即人口迁移时的现金花费和非现金花费是投资，而迁移后所得收入是收益，是否迁移的行为决策取决于在迁入地获得的平均收益能否超过迁出地获得的收入和迁出过程中所付的成本之和。达万索（Da Vanzo，1975）对迁移成本与迁移收益做了系统的总结，得到了人口的迁移成本，包括：交通成本、信息成本、心理成本、寻找工作和待业过程中的收入损失、迁出地的资产损失等；迁移收益包括工资水平上升、享受更完善的福利服务、更宜人的气候。[②] 而对于年轻人来说，他们的迁移成本相对较低，且迁移后有较长的时间和更多的机会能够提高收入水平，迁移的预期收入较高。所以，年龄越轻的人口迁移动机越大。这一理论能够很好地解释迁移群体年轻人较多的原因。

4. 新经济迁移理论

新经济迁移理论又被称为新迁移经济学理论或新劳动迁移

---

① T. W. 舒尔茨：《论人力资本投资》，吴珠华等译，北京经济学院出版社，1990。

② Da Vanzo, J. Difference Between Return and Non – Return Migration, an Econometric Analysis Rand Paper Series, Rand Co. 1957：5048.

理论。该理论是由斯塔克和布鲁姆（Stark & Bloom，1985）提出的，他们从微观家庭和个人的角度分析劳动力迁移的动机，迁移者更强调家庭因素的重要性，会考虑迁移能使家庭承担的风险最小化，且预期收入最大化。[①] 因此，劳动力的迁移并不仅仅是由地区收入差距决定的。

在新经济迁移理论中，有三个中心概念是该理论的核心，包括："风险转移""经济约束""相对剥夺"。首先，"风险转移"是一种分散风险的方式（Stark，et al.，1982），由于当地传统的经济收入并不稳定，家庭单位会决定让部分家庭成员外出务工，以分散风险，减小对当地单一收入的依赖；其次，劳动力的转移是资本市场的不完全性所导致的（Stark，et al.，1986），这是"经济约束"的概念，由于在原住地，许多人缺少社会保险，同时也缺少资金支持，这些制度和资金的约束导致一个家庭单元会选择让部分成员外出务工，从而既能够获得一定数量的资金支持，又能享受应有的福利保障；最后，新迁移理论对传统理论中绝对收入差距对迁移的影响提出了质疑，该理论认为家庭在做出迁移决策时，不仅仅考虑绝对预期收入水平，还会与社区内其他家庭单位或参照人群的收入水平相比较，从而减轻相对被剥夺的压力，即使预期收入水平很高，但如果低于比较对象，就会产生被相对剥夺的压力，因此，产生迁移的想法。[②]

---

① Stark O，D Bloom，"The New Economics of Labor Migration American" *Economic Review*，1985，（75）：173 – 178.

② 杨文选、张晓艳：《国外农村劳动力迁移理论的演变与发展》，《经济问题》2007 年第 6 期。

5. 二元劳动力市场理论

Piore（1979）提出了一个新的迁移动机，即城市劳动力市场的二元结构及其内生的劳动力需求，促使农村劳动力向城市迁移。由于现代资本主义的发展模式促使劳动力市场结构趋于二元化，本地居民一般愿意在主导部门工作，而工资、工作环境、社会地位较差的次要部门对本地居民没有吸引力，劳动力的供给不平衡，因此需要吸收外地的劳动力添补本地劳动力空缺，从而促使农村劳动力向城市迁移。①

6. "迁移率转变"理论

Zelinsky（1971）根据西方国家的历史经验，将人口转变理论、城市化及工业化过程结合起来，提出了"迁移率转变"理论。该理论认为人类的迁移活动可以分为 5 个发展阶段：①阶段一发生在人类出生率和死亡率均较高的传统社会，此时，可能只存在少量的人口迁移；②阶段二是工业革命早期，当时的死亡率有所下降，人口的自然增长率开始上升，人口规模开始不断扩大，因此，农村人口开始向城市和未开发的地区扩散；③阶段三发生在工业革命的晚期，也是人口转变的后期阶段，由于出生率和死亡率均出现大幅下降，所以，人口自然增长率开始下降，而且在第二阶段，多数农村劳动力已经迁移到城市，人口迁移增长率开始放缓，但是，迁移数量仍呈现上升的趋势；④阶段四处于发达的经济社会时期，人口转变已经完成，人口自

---

① Piore, Michael J. , *Birds of Passage*: *Migrant Labor and Industrial Societies*, Cambridge University Press, 1979.

然增长率更低，此时，城市之间和城市内部的迁移取代了过去由农村向城市迁移的模式；⑤阶段五是在未来发达社会，人口迁移的模式应主要是城市之间和城市内部的流动，并且迁移数量可能会出现下降。①

7. 移民网络理论

移民网络是已经迁移的移民同在原住地的家庭、亲戚、朋友之间形成的亲友关系所建立起来的一系列社会联系。由于人口迁移并不是盲目的迁移，人们会通过移民网络这一有效途径获得迁移信息。移民网络有助于降低迁移成本、提高迁移收益、减少迁移风险，是促进人口迁移的重要因素。这是因为一些特定的地区性群体，极大地增加了具有同样背景的另外一些人迁移到相同地区的可能性。② 因此，移民网络在很大程度上决定了人们的迁移决策。

二 国外经典人口迁移模型

1. 二元经济模型

第二次世界大战以后，由于经济的发展和科学技术的进步，学者们将科技进步成果和丰富的实践经验融入人口迁移的研究中，他们开始将模型融入研究中去。其中，最为著名的当属刘易斯和托达罗的新古典迁移模型。

1954 年刘易斯（W. A. Lewis）发表了《劳动力无限供给条

---

① Zelinsky W. , "The Hypothesis of the Mobility Transition," *Geographical Review*, 1971, 61（2）: 219 – 249.

② 盛来运：《国外劳动力迁移理论的发展》，《统计研究》2005 年第 8 期。

件下的经济发展》，在该论文中，他建立了经典的二元经济及其劳动力转移模型，首次从宏观层面上解释劳动力迁移的动因和过程。刘易斯认为发展中国家的经济是典型的二元经济，其经济系统可以划分为传统的（以传统农业部门为代表）和现代的（以现代工业部门为代表）两大部门。在这个二元经济结构的社会里，传统的农业部门的劳动力较为丰富，以至于农业劳动力的转移不会对农业产量构成影响，农业劳动的边际生产力为零；特别是资本主义工业部门的工资水平要远远高于传统的农业部门，两大部门工资的差别导致传统农业部门的劳动力源源不断地向现代工业部门转移，加上资本家会倾向于将利润转化为资本，因此，进一步增强了现代工业部门吸收农业劳动力的能力。所以，刘易斯建立的二元模型的实质内容就是在劳动力无限供给的条件下，农业部门剩余劳动力完全被工业部门所吸收，此时，也被称为"刘易斯拐点"，这一过程中，农业部门缩小、工业部门扩大，直到二元经济发展成为一元。[①]

但是，刘易斯的理论也存在一定的缺陷。工业部门并不能够无限地吸纳农业部门的剩余劳动力，资本积累的扩大和就业水平的提高并不能够同比上升，农业剩余劳动力向城市迁移后，也不能够立即找到工作。因为，发展中国家农业的隐性失业和城市失业问题是并存的。[②] 所以，虽然刘易斯的二元理论为研究人口迁移提供了有效的理论依据，但是也要具体问题具体分析。

---

① W. A. 刘易斯：《二元经济论》，施炜等译，北京经济学院出版社，1989。

② 李家伟、刘贵山：《当代西方人口迁移与流动的理论、模式和假说述评》，《新学术》2007 年第 5 期。

2. 刘易斯—拉尼斯—费景汉模型

由于刘易斯模型存在着缺陷，所以，拉尼斯和费景汉（Rains and Fei）对刘易斯的二元模型进行了修正，提出了两个"转折点"，将劳动力转移的过程分为三个阶段：第一个阶段是最初劳动力的边际生产力为零，处于劳动力的无限供给阶段；第二个阶段是农业劳动力的边际生产率开始为正，农业部门工资有上升的趋势，此时为"第一转折点"；第三个阶段是农业劳动力的边际生产力与工业部门的工资率水平达到平衡，农业部门和工业部门开始争夺劳动力，此时为"第二转折点"。[①] 此前，由于中国东部沿海地区出现了"民工荒"，因此，关于"中国是否进入刘易斯转折点"的论题成为争论的焦点，实际上，这里的刘易斯转折点指的是第一转折点（王德文，2007），[②] 也就是劳动力由无限供给向有限剩余的转变。

3. 托达罗模型

在20世纪六七十年代，发展中国家出现了有悖于刘易斯二元经济理论的现象，即城市严重的失业与持续上升的人口迁移并存。托达罗（Michael P Todaro）认为人口迁移并不仅仅取决于城乡的实际收入差距的大小，还取决于失业率。但是，农民在迁移时也会权衡在城市承受失业的风险与获得较高收入的大小利弊，就此提出了"预期收入理论"。因此，失业与持续上升的人口迁

---

① 陈谊：《农村剩余劳动力转移理论综述》，《重庆科技学院学报》（社会科学版），2007年第4期。

② 王德文：《刘易斯转折点与中国经验，人口与劳动绿皮书（2008）》，社会科学文献出版社，2008。

移并存的现象是农民对迁移后的预期收入较高，人们预计未来的收入能够弥补现在短期失业的损失。

托达罗模型主要解释的是迁移人口如何权衡迁移的成本和收益，该模型提出：①劳动力迁移的动力是其预期的收入，而非当期的绝对收入；②迁移决策是几个因素综合权衡后的结果，包括：迁移者个体素质、迁移后找到工作的可能性和收入水平、迁移的实际成本与机会成本的衡量；③迁移者在做出迁移决策之前，不但会考虑短期内的预期收入和成本，同时还会考虑长期的预期收入与成本，如果长期的收入能够弥补短期的损失，则产生迁移行为，反之，则不会产生迁移行为；④由于迁移者个体特征的差别，导致同一时间、同一地点，人们的迁移倾向也有所不同。[①] 托达罗的理论可以用来解释中国城镇大量的失业和不充分就业并存的现象。

第二节　我国有关人口迁移的研究

目前，我国的人口迁移研究成果主要包括：迁移规模、迁移方向、迁移的影响因素和迁移发展趋势等方面。其中，人口迁移的规模和方向的研究方面已经达到较为成熟的阶段。总的来说，目前，我国影响人口迁移因素方面的研究已经成为热点问题，但人口迁移趋势方面的研究还不够成熟。[②]

---

①　M. P. 托达罗：《第三世界的经济发展学》，印金强等译，中国人民大学出版社，1988。

②　张冬敏：《省际人口迁移的研究综述》，《改革与开放》2009 年第 5 期。

一　人口迁移的区域特征研究

廖正宏（1985）阐述了我国人口迁移呈分级递进的特征，我国人口迁移的区域性共同特征是以短距离迁移为主导的模式，大的工商业中心吸引附近城镇的人口迁入，后者由于人口迁出而导致的空缺则由相对更远的乡村的迁移人口所填补，由此形成了一个分层级递进的社会迁移图景。[①]

魏星等（2004）以我国 2000 年 10% 人口抽样调查数据为依据，将人口迁移分为东部、中部和西部地区三个地带，研究各地区人口迁移的区域特征，他们认为跨地带的人口迁移是我国人口迁移的主要模式。从我国人口迁移方向看，与中部地区相比，西部地区人口迁移变得更加活跃，中部地区成为第一大人口迁出地区，东部地区仍是吸引中西部地区人口流入的聚集地。[②]

王桂新等（2003）调查分析了我国 20 世纪 90 年代后期人口迁移的区域特征。结果显示，我国迁移人口由中西部地区向东部迁移的区域模式并没有发生改变，但是，我国迁移中心的地位则发生了变动。其中，广东省成为 20 世纪 90 年代后期人口吸引中心，而北京和上海对人口的吸引作用呈衰退趋势，珠三角对迁移人口的吸引力超越了长三角，西部地区迁入人口超越了中部地区。[③]

[①] 廖正宏：《人口迁移》，台湾：三民书局，1985：18。

[②] 魏星、王桂新：《中国东、中、西三大地带人口迁移特征分析》，《市场与人口分析》2004 年第 5 期。

[③] 王桂新、刘建波：《1990 年代后期我国省际人口迁移区域模式研究》，《市场与人口分析》2003 年第 4 期。

二 迁移人口本身具有的特征

魏星等（2004）分别从人口迁移流向、性别、年龄、受教育程度、就业五个方面，阐述了"五普"阶段我国迁移人口的特征。从迁移人口的流向看，该阶段我国迁移人口主要流入东部地区的两个三角洲，跨地带迁移成为主要迁移模式；从迁移的性别差异看，东、中、西三大地带人口迁移的性别差异在不断减小，女性的迁移动态在不断增强；从迁移人口的年龄情况看，三大地带迁入和迁出人口年龄结构年轻；从迁移人口的受教育程度看，西部地区迁出人口受教育程度最低，东部迁出人口最高，而迁入人口受教育程度方面，东部水平最低，西部最高；从迁移人口的职业构成看，迁入中西部地区的人口主要从事农业、商业服务业和制造业，而迁入东部地区的人口则主要从事生产运输设备操作业。

三 人口迁移后的市民化特征

任远等（2003）提出上海市外来常住人口的主体是年轻的、经济型的劳动适龄人口，他们对城市经济发展做出的贡献要远远大于从城市公共财政中所索取的，但是，他们成为异质体被排除在城市生活之外，这将不利于全国劳动力市场的统一和社会福利制度的进步。[①]

---

① 任远、王桂新：《常住人口迁移与上海城市发展研究》，《中国人口科学》2003 年第 5 期。

王桂新等（2008）对上海市外来人口进行抽样调查，分析我国城市农民工市民化的程度。抽样结果分析表明：迁移到上海市的农民工已经出现了较为明显的市民化特征。但是，从市民化的各维度考虑，发现各维度的市民化发展并不平衡。其中，居住条件这一维度的市民化程度最高。虽然，农民工的市民化程度有较大提升，但是真正成为当地市民，获得上海户口，对他们来说非常困难。因此，农民工迁移的目的不是成为真正的城市市民，而主要是为了赚钱。因此，户籍制度的改革不会改变农民工市民化和城市化规模扩大的趋势。①

四　人口迁移原因研究

魏星等（2004）证明了我国在 1995～2000 年期间，人口迁移的原因开始以经济因素为主导。以东、中、西三大地带为研究单位，发现迁入东部地区人口的首要原因以务工经商为主，其人口比重已达 77.05%，全国因务工经商而迁移的人口比重达 69.82%。

王化波等（2009）按迁移人口是否持有迁入地户口为研究对象，证明了当地的经济发展水平和医疗卫生条件对户籍劳动力迁入起到正向的拉动作用。而吸引非户籍劳动力流入的是人口迁入地的工资水平，决定工资水平高低的重要因素

---

① 王桂新、沈建法、刘建波：《中国城市农民工市民化研究——以上海为例》，《人口与发展》2008 年第 1 期。

是投资规模，投资规模越大，越有可能促进地区工资水平的提升，从而增强了对非户籍劳动力的吸引作用。[①] 因此，招商引资、鼓励投资政策都会促进非户籍人力资本的流入。

第三节　人口迁移与区域经济发展的关系

劳动力、资本和技术是拉动经济增长的三驾马车。但从实际考察，中国经济持续高增长的奇迹中，究竟哪项要素的贡献最大是一个值得深入探讨的问题。蔡昉等（1999）从劳动力数量增长、经济结构转变和人力资本三方面考察三者对经济长期可持续增长的贡献。结果显示，资本对中国经济增长的贡献最大，其次为劳动力、人力资本和全要素生产率，但是，从弹性系数看，人力资本对推动经济增长具有巨大的发挥潜力。[②] 因此，研究劳动力与经济增长的关系，有助于把握未来经济发展的动态，为政策制定提供依据。尤其是近几年，我国东部地区经济迅速发展，在很大程度上得益于中西部地区大量劳动力的流入。可以说，劳动力要素地区分布的重新配置对我国宏观经济发展的贡献巨大。为此，我国许多学者均致力于研究人口迁移与区域经济发展的关系。

---

① 王化波、Cindy Fan：《省际间人口迁移流动及原因探析》，《人口学刊》2009 年第 5 期。

② 蔡昉、王德文：《中国经济增长可持续性与劳动贡献》，《经济研究》1999 年第 10 期。

一 人口迁移与区域经济的相互影响

1. 区域经济发展差距对人口迁移的影响

影响人口迁移的因素有很多。但是，众多因素中最为重要与核心的诱因仍是区域经济发展水平的差距。由于我国各地区区域经济发展水平差距较大，所以地区之间居民的收入水平、生活条件、权益保障等方面存在差距较大。因此，产生了吸引人口迁入和推动人口迁出两个方向相反的作用力，在两种力量共同作用下，促进了人口的迁移。

首先，许多学者认为区域经济发展水平的差距是导致人口迁移的主要动因。王桂新（1996）认为长期形成的区域经济发展水平的剪刀差是人口迁移模式的决定性因素。90年代后，由于我国东、中、西三大区域经济发展水平差异不断扩大，东部地区经济最为发达，所以，人口也更加倾向于向东部地区集中。总的来说，我国人口迁移同区域经济发展差异的相关性不断增强，区域经济发展水平差异对人口迁移流向有更加显著的影响。[①]

其次，还有些学者并没有从区域经济发展的宏观角度研究经济发展差异对人口迁移的影响，而是从产业结构的微观角度深入探讨。敖荣军（2005）从我国制造业的省际分布差异角度，探讨了制造业的区域分布与人口的省际迁移分布的关系。通过

---

① 王桂新：《关于中国地区经济收入差距变动问题的研究》，《华东师范大学学报》（社会科学版）1996年第6期。

实证分析我国中部地区人口迁移流向同东部地区产业集中的相关性。由于中部地区的劳动力大规模向东部迁移，进一步推动了东部地区制造业的发展，而制造业本身存在规模收益递增的特点，一旦形成一定规模，会对地区经济积累产生巨大的累积效应（Krugman，1991）。[1] 通过回归分析，证明了制造业规模的扩大可以创造大量的就业机会；而且，中部地区人口向东部制造业中心的集中推动了东部地区制造业的发展，同时也延缓了中部地区的工业化进程。因此，东部地区制造业规模的不断扩大，迅速拉大了东部和中部地区经济发展水平的差距，加强了东部地区对中部地区劳动力的吸引力，这种人口迁移与区域制造业发展的动态循环过程，使中部地区逐渐被边缘化。[2] 此外，翟锦云等（1994）以我国广东省为研究对象，探究迁入人口的迁移原因，从改革开放后我国逐渐放松了对人口迁移的限制、经济逐步融入世界、劳动密集型产业快速发展到各地区经济发展水平和收入差距逐渐扩大，在这些因素的综合作用下，经济发达地区对人口迁移产生了正向的拉动作用。[3]

2. 人口迁移对区域经济社会发展的影响

人口迁移与区域经济发展之间存在密切的关联关系，是城

---

[1] Krugman P. "Increasing Returns and Economic Geography," *Journal of Political Economy*, 1991, 99 (3): 483 - 499.

[2] 敖荣军:《制造业集中、劳动力流动与中部地区的边缘化》，《南开经济研究》2005 年第 1 期。

[3] 翟锦云、马建:《中国广东省人口迁移问题探讨》，《人口研究》1994 年第 2 期。

市化的主要推动力（马侠，1994），[1] 这已经是中外学者普遍认同的观点。但是，人口迁移对迁出地与迁入地经济发展的影响是否有益，一直以来是学术界热议的话题，持不同观点的学者均从不同的研究角度阐述了自己的观点。

（1）人口迁移对区域经济发展的影响

Cindy Fan（2005）研究了我国省际范围的人口迁移对区域经济的影响。他认为人口由农村向城市的迁移为城市化、工业化的发展提供了丰富、低价的生产要素，从而为城市化和工业化的建设节约了巨大的成本。[2]

杜晓敏（2010）等阐述了人口迁移对我国东、中、西三大地带的影响。深入探讨了人口的迁移流动与经济发展的关系。结论是：没有户籍变动的人口流动对迁出地和迁入地的经济都存在正向的影响，而伴随户籍变动的人口迁移表现为，东部地区作为人口净迁入地，人口迁移对区域经济发展的影响是正面的，而中西部作为人口净迁出地，人口的迁移对经济发展在绝大多数情况下产生负面影响，但这种影响的检验并不显著，即使显著，其影响效果也不大。中西部地区过去那种靠外出务工提高收入水平，降低收入差距的办法对拉动当地经济发展是有限的。所以，中西部地区应适时通过提高投资水平，以及提高就业率来拉动经济。总的来说，人口迁移对东部地区经济的正

---

[1]　马侠：《中国城镇人口迁移》，中国人口出版社，1994。

[2]　Cindy Fan. Inter – Provincial Migration, Population Redistribution and Regional Development in China: 1990 and 2000 Census Comparisons The Professional Geographer, 2005（2）：295 – 311.

面影响大于对中西部地区的负面影响，总体上，人口迁移有益于宏观经济的发展。[①]

王桂新等（2005）进一步研究了人口迁移对我国东、中、西部三大地带经济发展的影响。通过构建 C－D 生产函数，证明我国改革开放以后人口迁移对经济发展具有明显的同步即时效应和异时累积效应，尤其对东部地区的正向效应比较明显，中西部地区的效应也开始由负转正。中西部地区人口迁移对经济的正向作用是通过迁出人口劳动收入的转移实现的。

（2）人口迁移对经济增长的贡献

王桂新等（2005）以某个特定区域经济发展为研究视角，证明了我国东部地区经济增长有 15% 是人口迁移贡献的。整个东部地区劳动力的就业结构相对于劳动力数量来说，对经济增长起到更大的作用，而本地劳动力对经济增长起到相反的作用，外来劳动力数量相对于结构来说，对经济增长的贡献更大；而人口的迁出有助于迁出地地区产业结构的调整和优化，从而对迁出地经济的发展也做出一定贡献。[②] 此外，袁晓玲等（2009）以我国西部地区为研究对象，分析人口的区域迁移模式与区域内经济发展差距的关系。区域内部人口的迁移流动有助于缩小区域内各地区之间经济发展水平的差距。因此，放开人口迁移限制政策将有助于缩小地区经济差距。[③]

---

① 杜小敏、陈建宝：《人口迁移与流动对我国各地区经济影响的实证分析》，《人口研究》2010 年第 5 期。

② 王桂新、黄颖珏：《中国省际人口迁移与东部地带的经济发展：1995～2000》，《人口研究》2005 年第 1 期。

③ 袁晓玲、张宝山、胡得佳：《人口迁移对区域经济增长地区差异的影响分析——以陕西省为例》，《华东经济管理》2009 年第 9 期。

（3）迁移人口的聚集效应对产业发展的影响

有一些学者还从产业集聚的微观角度探析迁移人口的聚集效应对产业发展的影响。如范剑勇等（2004）证明了我国东部地区产业集聚不仅仅与优越的地理环境、市场规模优势有关，还与中西部地区劳动力大规模地向东部制造业中心聚集有密切的关系。[1] 姚林如（2006）等提出劳动力的跨区域迁移将提高具有产业集聚优势地区产业的进一步集聚、拉大贫富差距，从而加剧经济的二元化程度，从而再次形成了人口进一步集聚的作用力。[2]

（4）人口迁移对迁入地和迁出地经济的影响

有些研究证明了人口的迁入对迁入地经济贡献较大。任远等（2003）认为人口迁移增加了迁入地的劳动力供给，迁移人口的就业和创业加速了经济发展，吸引了投资，而且，人口增加的同时也扩大了城市的消费能力，所以，人口迁入对迁入地产生了乘数式连锁性的推动。其中，常住人口对迁入地经济发展的促进作用更为显著。

也有学者认为人口迁移会对迁入地经济产生负面影响。翟锦云等（1994）认为大量的人口迁入使地区人口压力上升，城市基础设施和粮食供给存在风险。还会导致人口分布失衡以及计划生育管理难度的上升。张胜康（1995）认为城市外来人口的大量迁入，会给城市住房、交通、环境、能源等方面带

---

[1] 范剑勇、王立军、沈林洁：《产业集聚与农村劳动力的跨区域流动》，《管理世界》2004 年第 4 期。

[2] 姚林如、李莉：《劳动力转移、产业集聚于地区差异》，《财经研究》2006 年第 8 期。

来巨大的压力，从而不利于迁入地城市经济的发展。[①]

此外，蔡昉[②]、张文新等[③]也提出，人口迁移及高素质人才的流失将不利于迁出地农业的发展。张胜康（1995）从人口迁移对迁出地的影响分析，他认为人口迁移不利于农业发展，使农业劳动力短缺，并且加快了农村老龄化速度。

3. 人口迁移产生的其他效应

人口迁移除了会对迁入地与迁出地的经济产生不同方向的作用之外，还会产生一些其他的效应。首先，人口结构方面，You和Poston（2004）[④]利用我国人口普查数据对迁移人口进行研究，证明了人口的迁移有助于降低生育水平；谭晓青也证明迁移育龄妇女的生育率要低于没有迁移的妇女[⑤]；而且，陈卫等提出外出妇女在结婚年龄和生育年龄方面，均比没有外出务工的妇女要长。[⑥]此外，李玲（1999）提出人口迁移还能够降低迁入地的人口老龄化水平。其次，地区文化方面。马万昌（2000）提出人口

---

① 张胜康：《论城市外来人口及其对城市的影响》，《现代城市研究》1995年第2期。

② 蔡昉：《人口迁移和流动的成因、趋势与政策》，《中国人口科学》1995年第6期。

③ 张文新、朱良：《近十年来中国人口迁移研究及其评价》，《人文地理》2004年第2期。

④ You, Xiuhong, Poston Dudley L., "Are Floating Migrants in China, Childbearing Guerillas: An Analysis of Floating Migration and Fertility," *Asia and Pacific Migration Journal*, 2004, 13 (4): 405 - 422.

⑤ 谭晓青：《城镇人口迁移与生育》，《中国城镇人口迁移》，中国人口出版社，1994。

⑥ 陈卫、吴丽丽：《中国人口迁移与生育率关系研究》，《人口研究》2006年第1期。

迁移能够为北京城市文化注入新的活力,使其文化向多元化发展。[1] 再次,张胜康、李朝晖等提出人口迁移还会加大迁入地治安管理的难度,其中,李朝晖(2005)提出,由于第二代人口迁移者中有农村人的身份,在城市成长却不能得到城市的认同,社会政治权利和利益得不到保障,与其心理诉求产生巨大偏差,因此,极易产生冲突,不利于社会的稳定。[2] 最后,劳动力外出务工还会产生留守儿童[3]、留守老人[4]、留守妻子[5]等问题。

二 人口迁移与区域经济发展关系的研究方法

(一) 发生制约模型

王桂新(1993)以牛顿的引力模型为基础,建立了人口省际迁移流动的发生制约模型。

$$M_{ij} = A_i O_i X_{1j}^{\gamma_1} X_{2j}^{\gamma_2} d_{ij}^{\beta}$$

将发生制约模型线性化,得到如下回归方程:

$$\log \left(\frac{W_{ij}}{\overline{W_i}} \right) = \gamma_1 \log \left(\frac{X_{1j}}{\overline{X_1}} \right) + \gamma_2 \log \left(\frac{X_{2j}}{\overline{X_2}} \right) - \beta \log \left(\frac{d_{ij}}{\overline{d_i}} \right)$$

---

① 马万昌:《刍议当前外来人口对北京文化的影响》,《北京联合大学学报》2000 年第 1 期。

② 李朝辉:《人口流动与城市冲突》,《中国改革》2005 年第 9 期。

③ 黄爱玲:《留守孩子心理健康水平分析》,《中国心理卫生杂志》2004 年第 5 期。

④ Gui, S. X., "Report From Mainland China: Status and Needs of Rural Elderly in the Suburbs of Shanghai," *Journal of Cross - Cultural Gerontology*, 3 (2): 149 - 167.

⑤ 刘文明:《留守妻子与社会和谐:社会资本视角的分析》,《社会科学》2007 年第 3 期。

M_{ij} 为 i 地区迁向 j 地区的人口数；O_i 为地区 i 迁出人口总数；$X_{1j}X_{2j}$ 分别为地区 i 的国民生产总值和人均国民收入；d_{ij} 为地区 i、j 的距离；A_i 为均衡因子。W_{ij} 为 i 地区迁向 j 地区人口占 i 地区迁出人口的比重。用 $\overline{W_i}$ 代表 W_{ij} 的几何平均数；$\overline{X_i}$ 代表 X_{ij} 的几何平均数；$\overline{d_i}$ 代表 d_{ij} 的几何平均数。通过以上回归方程对我国 31 个省份的迁移人口进行回归分析，得到我国人口迁移与各地区人口、经济发展水平，以及地区之间的空间距离的关系。[①]

（二） 面板分析

杜晓敏等（2010）利用面板数据的变异系数模型考察了我国省际人口迁移与流动对我国区域经济的影响。但是，若利用面板分析方法研究全国范围的省际人口迁移与区域经济发展，数据的获得是一大难点，它对数据样本数量和时间跨度要求较高，而全国人口普查数据多是时点不连续的数据，所以，不能满足面板数据的要求。为了解决此问题，作者通过 1997～2008 年《全国暂住人口统计资料汇编》和《中华人民共和国分县市人口统计资料》，提取样本数据；此外，还利用指数平滑补充缺失的数据。

（三） 回归分析

回归分析在研究人口迁移与区域经济发展关系时，是一个较为常用的、有效的方法。用回归模型可以计量经济发展水平

---

① 王桂新：《我国省际人口迁移发生作用模型分析》，《人口学刊》1993 年第 4 期。

对人口迁移的影响，如敖荣军（2005）就通过该方法，证明了
制造业区域分布差异在中部地区人口迁移流向选择中占有重要
地位。

$$m_{i,1995-2000} = \alpha + \beta_1 \cdot \gamma_{i,1995} + \beta_2 \cdot g_{i,1995} + \beta_3 \cdot P_{i,1995} + \beta_4 \cdot (P_{i,1995})^2 + \beta_5 \cdot w_i + \varepsilon$$

$m_{i,1995-2000}$ 为 1995～2000 年中部地区迁入 i 省的劳动力数量
占中部地区跨省迁移劳动力总数的比重；$\gamma_{i,1995}$ 为 i 省 1995 年制
造业产值占全国制造业产值的份额（假设 $\beta_1 > 0$）；$g_{i,1995}$ 为初始
年（1995 年）i 省的人均收入（假设 $\beta_2 > 0$）；$P_{i,1995}$ 为 i 省 1995
年的人口密度（千人/平方公里）（假设 $\beta_3 + 2\beta_2 < 0$，那么迁入
地人口密度对迁移人口的影响为负）；w_i 代表 i 省的区位哑变量
（东中部地区取值为 1，其他地区为 0）。

还有学者用多元回归方法说明人口迁移对区域经济发展的
影响。如袁晓玲等（2009），以陕西省为例，计算人口区域内部
的迁移和区域经济发展差距的相关关系。得到如下回归方程：

$$GDP_i = c + \alpha \ln (GDP1991_i) + \beta Migrapop_i + \delta X_i + \mu_i$$

GDP_i 为陕西省各地级市人均 GDP 增长率；$GDP1991_i$ 代表
1991 年各地级市人均 GDP；$Migrapop_i$ 为各地级市人口净迁入数
量平均增长率；X_i 表示其他一些影响经济的变量，作者逐步加
入了 CAP（固定资产投入年增长率）和 LAB（从业人员平均增
长率）两个变量。

另外，蔡昉等（2003）利用双对数线性回归方程分析人口
迁移及其一系列影响因素之间的关系。采用该方法有利于消除
奇异值和异方差估计效率的影响，从而能够提高方程的拟合优

度，此外，为了消除解释变量与被解释变量之间的内生性，利用滞后变量作为解释变量。改善了以往采用一般回归方法所出现的共线性和异方差的问题。①

（四）灰色关联分析

灰色关联分析是一种动态趋势分析方法。通过这种方法，有助于找到系统中各子系统之间的数值关系，对系统中的主要因素和次要因素进行归类，从而归结出对某一变量影响最大的因素，找到问题的主要矛盾。

袁晓玲等（2009）通过计算人口迁移与地区经济发展差距的灰色关联系数，验证了西部地区区域内部人口迁移与区域经济发展差距的关联程度大小。设人均收入水平为母因素列，人口年增长量、迁入人口数、迁出人口数、人口净迁移量为子因素列，由此可得到标准化序列。然后，根据标准化序列求绝对差，得到一个关联系数矩阵。再根据关联系数矩阵找到最大值、最小值，减小最大值和最小值引起的数据失真。最后结论是：人口迁移流动与区域经济发展的关联度较大，且净迁移人口与区域经济发展的关联关系呈不断上升的趋势。

（五）劳动力迁移对经济增长的贡献

王桂新等（2005）以东部地区为例，计算本地劳动力和外来劳动力对经济增长的贡献度。首先，劳动力就业数量对经济增长的贡献公式如下：

---

① 蔡昉、王德文：《作为市场化的人口流动——第五次全国人口普查数据分析》，《中国人口科学》2003 年第 5 期。

公式 1：

$$率贡献 = \frac{常住人口劳动力创造的三次产业总产出 - 地区三次产业总产出}{地区三次产业总产出}$$

公式 2：

$$贡献度 = \frac{率贡献}{GDP \ 增长率}$$

公式 3：

$$本地劳动力数量增加对 \ GDP \ 的率贡献 = \frac{本地劳动力创造的总产出 - 三次产业总产出}{三次产业总产出}$$

公式 4：

外来劳动力数量增加对 GDP 的率贡献 = 率贡献 - 本地劳动力数量增加对 GDP 的贡献

公式 5：

$$对 \ GDP \ 增长的贡献度 = \frac{外来劳动力数量增加对 \ GDP \ 的贡献}{GDP \ 增长率}$$

其次，劳动力的就业结构对经济增长的贡献公式如下：

公式 1：

$$率贡献 = \frac{常住人口劳动力就业结构变动创造的总产出 - 常住人口创造的三次产业总产出}{三次产业总产出}$$

公式 2：

$$贡献度 = \frac{率贡献}{GDP \ 增长率}$$

公式 3：

$$GDP \ 的率贡献 = \frac{本地劳动力就业结构变动创造的总产出 - 本地劳动力创造的总产出}{三次产业总产出}$$

公式 4：

$$贡献度 = \frac{率贡献}{GDP\ 增长率}$$

第四节 人口迁移与户籍制度改革研究

一 户籍制度的弊端

户籍制度是我国一项最基本的国家行政制度，它将国家公民与土地、社会地位紧紧联系在一起。公民需通过户籍证明个人身份，国家通过户籍执行资源配置和财富分配，不同的地域和社会地位决定的社会利益分配存在差异，形成了以户口为基准的社会等级的差别，不同等级的公民享受不同的待遇。

20 世纪 50 年代，为了确立并适应我国计划经济体制，实现工业化优先发展的目标，控制城市人口特别是大城市人口的机械增长，我国确立了严格的户籍制度。直到 20 世纪 80 年代早期，农村的自发迁移仍受到严格的限制，[①] 住房、食物和工作等资源均与户口挂钩，所以，农村人口不可能自由向城市迁移。国家通过这种方式来牵制人口的自发流动。

虽然，户籍制度在历史上曾经为我国集中有限的人力资源、建设工业化城市等方面发挥了有效的配置作用，同时也满足了

---

① 杨云彦：《中国人口迁移与发展的长期战略》，武汉出版社，1994。

管理者的需求，但在促进社会经济发展方面却没有起到积极的作用。[①] 严格的户籍管理制度曾给社会文明的进步与社会的发展造成了众多不利的影响。赵晓莲等（2007）认为户籍制度使进城务工农民的就业、社会福利保险、教育等方面受到了不平等的待遇，使农民工的权益受到损害。[②] 苏志霞等（2007）提出户籍制度原本是为了确认公民身份和统计人口数据，但我国现行户籍制度的缺陷在于确认公民身份的功能被延伸为利益分配的手段，人口统计的功能却没有得到有效发挥。[③] 户籍制度已经成为社会排斥、社会分层化乃至社会居住隔离矛盾产生的主导因素。在所有阻碍劳动力自由流动的因素中，户籍制度这一因素处在首位，成为劳动力市场化发展的绊脚石。[④] 可以说，目前这种城乡分离的户籍制度极大地制约着我国社会的和谐发展。[⑤]

二　户籍制度改革面临的障碍

虽然，20 世纪 80 年代，我国开始了户籍制度的改革，但是改革也未完全解决制度本身存在的矛盾，户籍制度的改

[①] 郝品石：《户籍制度改革的另一思路》，《读书》2003 年第 2 期。

[②] 赵晓莲、张庆军：《我国现行户籍制度社会分层弊端刍议》，《法制与社会》2007 年第 1 期。

[③] 苏志霞、王文录：《论户籍制度的功能定位》，《河北师范大学学报》（哲学社会科学版）2007 年第 2 期。

[④] 杨川丹：《改革户籍制度建立一体化的劳动力市场》，《劳动保障世界》2009 年第 1 期。

[⑤] 江业文：《新中国户籍制度与三农问题的关系研究》，《湖南农业大学学报》（社会科学版）2008 年第 6 期。

革困难重重。其中，最大的困难是与户籍直接挂钩的个人权利，其涉及范围广，而且存在地区差异，并且涉及政治、就业、教育、消费、住房、医疗保险、社会保障等几十项无形或有形的福利，各地区、各社会群体的诉求不同，改革的方向、力度也就存在差别，所以，成为户籍制度改革的最大难点。具体来说，目前，国家为了鼓励小城镇的建设，提倡放开户籍管理，而一些地方至今仍未与中央达到意见统一，仍未放开户籍管理。此外，户籍制度完全放开，意味着医疗、保险、就业、教育等福利分配全国需达统一标准，但目前各个地区的财政、医疗、教育等社会资源的分配并不是平等的，地区差别、城乡差别仍较大。而且，户籍制度改革后，外来人口享有与本地人口同等的社会福利待遇，这将会给迁入地的财政带来巨大负担。所以，许多人口迁入地仍无法完全放开户籍制度。韩央迪（2008）认为资源有限是制约户籍一体化改革的主要因素，一旦放开户籍管理，本来就不堪重负的城市医疗、保险、教育、基础设施等公共服务与设施将陷入瘫痪。[1] 余佳[2]、孟兆敏[3]等学者认为大城市相对于中、小城市来说，户籍改革制度面临的困难更大。因此，户籍制度改革的关键不是户籍制度本身，而是首先应该从社会政策改革入手，研究户籍制度的改革方向。

----

[1] 韩央迪：《守卫抑或僭越——"伯克利观察法"视角下的中国二元户籍制度改革》，《兰州学刊》2008 年 6 月。

[2] 余佳、丁金宏：《中国户籍制度：基本价值、异化功能与改革取向》，《人口与发展》2008 年 5 月。

[3] 孟兆敏：《我国户籍制度改革研究的回顾与展望》，《西北人口》2008 年 1 月。

三　户籍制度改革的必要性

2012 年中国的城市化率已经达到 52.57%，但实际上，中国的市民化程度仍处于较低水平，户籍城镇化率相当低，非农业户口人员在全部人口中所占比重仅为 27.6%。随着市场经济体制的不断完善，以及地区经济的开放，户籍制度各种限制与经济发展之间的矛盾将越来越明显，对经济的进一步发展造成负面的影响。现有户籍制度不但会制约资源的优化配置，也会阻碍劳动力市场和社会保障制度一体化的实现，而且还会导致社会分配不公。反过来，人口流动和民工潮对户籍制度的冲击使得许多地方出现了人户分离的现象，户籍制度面临名存实亡的危机，所以，也就无法通过户籍制度对人口实行有效的管理。

由于中国各地方政府存在各自独立的利益机制，在基础设施领域投资规模较大，挤占了教育及卫生方面的投资，无法满足居民的偏好需求，也造成资源的浪费，而户籍制度改革有助于提升地方政府公共产品的分配效率。[1] 为了满足社会发展及进步，深入市场经济，也为了解放生产力，促进劳动力市场一体化，优化资源配置，提高经济效益，户籍制度的改革已经是大势所趋。

四　户籍制度改革的途径

户籍制度改革要明确重点和难点，要付诸实践，就要制定

---

① 徐钧、李宏：《地方政府竞争机制演进——基于户籍制度变迁的视角》，《山东社会科学》2008 年第 7 期。

具体的改革方案和时间表。户籍制度改革难度大，户籍改革的进程较慢。许多学者就此问题提出了一些建议。冯清华（2006）提出户籍制度的改革重点应放在保障人口自由流动上，实现循序渐进，逐步推进户籍管理的法制化。[①] 李若建（2003）认为，我国应根据户籍地区价值的差别，逐步推进户籍制度改革，改革首先以不发达地区为试点，然后依次为大中型城市、特大城市、外来人口集聚的中心地区。[②] 苏志霞等（2007）也倡导渐进式的改革，但对于高校毕业生的迁移要给予特殊待遇，放开对能找到工作或自谋职业的大学生的户籍限制，充分开发人力资源。漆先望等（2008）提出新的户籍制度改革思路，提倡"以土地换社保，变农民为市民"，通过该途径消除城乡居民社保福利方面存在的差异。[③] 郭台辉（2008）提出另一种改革思路，提倡大户籍改革，就是要合理释放过去户口管理制度的功能，通过中央与地方相结合的管理途径，有效组合地方政府、非政府组织及其市场的关系，促进省内统筹与省际统筹的协商配合，实现"三结合一回归"的综合改革。[④] 刘冷（2011）剖析了我国户籍制度改革一直没有起色的原因，提出

---

① 冯清华、胡术鄂：《我国户籍管理制度存在的问题及其改革》，《社会科学家》2006年增刊。

② 李若建：《中国人口的户籍现状与分区域推进户籍制度改革》，《中国人口科学》2003年第3期。

③ 漆先望等：《以土地换社保，变农民为市民——改革户籍制度的可行思路》，《四川省情》2008年第3期。

④ 郭台辉：《制度体系变动中的大户籍制改革》，《岭南学刊》2008年第3期。

通过立法调整户籍管理制度，同时要完善社会保障法、义务教育法和劳动法，消除农业户口和非农户口的区别，建立以居住地为基准的户口登记制度和系统，从根本上彻底改革户籍制度。①

① 刘冷：《我国户籍制度改革的困境及对策建议》，《改革与开放》2011 年第 8 期。

第二章

21 世纪以来我国省际人口
迁移的特点与趋势

第一节 人口分布状况

人口迁移是塑造人口分布格局的主要因素之一。新中国成立后的三十年间，我国人口的地区分布主要是随着有差别的地区间人口自然增长率的变化而变化的。[①] 但改革开放后，随着经济的快速发展，农村人口迁移日渐活跃，人口迁移对人口分布格局的影响也越来越大。由于分析我国各地区人口分布的状况是研究人口迁移的基础，所以，在研究我国人口迁移状况之前首先对我国目前的人口分布情况进行分析，通过了解人口分布情况，建立一个人口分布、人口迁移与区域经济差异的分析框架。

---

① 李仪俊：《一九五三——一九八二年我国人口重心研究》，《中国社会科学》1983 年第 6 期。

一 人口的地区分布特征

我国绝大多数人口集中在东部地区，1990～2000 年东部地区人口总数达到 5.2 亿，占全国总人口的 42.47%，中部和西部地区人口数分别为 4.3 亿和 2.8 亿，分别占总人口的 34.83% 和 22.70%，进入 21 世纪后，东部地区人口的集中趋势更加明显，人口数上升到 5.9 亿，占全国总人口的比重也进一步上升至 44.73%，中部和西部地区人口也不断增长，但是，这两个地区的人口比重出现一定的下降，分别下降至 33.57% 和 21.70%；另外，再通过观察人口密度数据，发现目前我国东部地区人口最为密集，主要集中于北京、上海、天津、江苏、浙江、广东等经济发达的沿海城市及地区，与第五次人口普查（"五普"）和第六次人口普查（"六普"）两段时期相比，东、中、西三大区域的人口密度均出现不同程度的上升，其中，东部地区上升幅度最大，中西部地区上升幅度相对较小，由此可见，我国人口分布东多西少的格局日趋显著。下面根据衡量人口分布的各项指标进一步观察我国各区域、各省份的人口分布变化情况。

1. 人口城乡分布

改革开放后我国放开了户籍制度对人口迁移流动的限制，农村人口开始涌向城市，随着经济快速发展，国家积极推行人口城市化的战略，鼓励并引导农村富余劳动力向非农产业转移，支持城市工业的快速发展，形成了城市带动农村，工业反哺农业的国民经济新格局。在人口迁移越来越活跃的同时我国逐步迈向快速城市化的发展阶段。1990 年公布的第四次人口普查数据显示，我国居住在城镇的人口比重为 26.15%，到 2000 年第五次人口普查结果公布，我国的城镇人口比重上升至 36.92%，与世界其他国家相比，我国的城镇化率还处于较低水平，但是，进入 21 世纪后，我国的城镇化率明显上升，城镇人口比重增至 50.27%，从数据上看，我国已经进入城市化基本实现的发展阶段。但是，仅用一个指标机械地评价城市化水平是不可信的。由于我国有着独一无二的城乡二元化体制，利用户籍制度区分城市和农村人口的方式还未得到完全的改变，而我国的城市化率采用城市常住人口比重作为衡量指标，在户籍制度并没有完全放开的条件下，许多迁入城市的人口并没有受到同等的市民化待遇，我国的市民化程度仍处于较低水平。从表 2-1 可以看出，从"五普"时期到"六普"时期，我国的人口城镇化率由 36.92% 上升至 50.27%，但城镇户籍人口比重仅由 24.73% 上升至 29.14%，而且，城镇户籍人口比重远落后于常住人口比重的特点在浙江、江苏、广东这些人口迁入大省中表现得更为明显，可以说，我国目前户籍城镇化率还处于相当低的水平。

2. 人口密度

现阶段，我国东部地区人口最为密集，尤其是上海、北京、天津这些直辖市，其每平方公里的人口数已经达千人以上；中部地区人口密度落后于东部地区，西部地区人口稀少。再从人口密度的变化情况看，与"五普"时期相比，"六普"时期，东、中、西三大区域的人口密度均有所提高，如表 2-2 所示。

表 2 - 1　"五普""六普"时期人口城乡分布情况

单位:%

区　域	地　区	非农业户口占比		人口城镇化率	
		"六普"	"五普"	"六普"	"五普"
东　部	东部地区	30.69	27.27	58.36	44.95
	北　京	61.79	60.17	85.96	77.55
	天　津	50.24	55.43	79.44	71.99
	河　北	21.26	18.56	43.94	26.33
	辽　宁	50.81	45.94	62.15	54.91
	上　海	61.89	63.08	89.30	88.31
	江　苏	33.47	28.92	60.22	42.25
	浙　江	25.02	21.27	61.64	48.67
	福　建	22.14	19.82	57.09	41.96
	山　东	23.43	20.91	49.71	38.15
	广　东	28.77	25.66	66.17	55.66
	广　西	19.03	17.72	40.02	28.16
	海　南	34.96	31.33	49.69	40.68
中　部	中部地区	29.17	25.13	45.85	33.13
	山　西	30.72	25.53	48.05	35.21
	吉　林	45.45	43.30	53.36	49.66
	黑龙江	49.40	47.16	55.66	51.53
	内蒙古	37.97	34.70	55.53	42.70
	安　徽	25.02	18.28	42.99	26.72
	江　西	26.64	22.67	43.75	27.69
	河　南	19.86	16.90	38.52	23.44
	湖　北	31.00	26.61	49.70	40.48
	湖　南	23.44	19.60	43.31	27.50
西　部	西部地区	25.88	19.35	40.45	27.71
	重　庆	34.59	21.64	53.03	33.09
	四　川	26.81	18.39	40.22	27.09
	贵　州	18.81	14.76	33.78	23.96
	云　南	16.45	14.94	34.72	23.38
	西　藏	14.77	12.78	22.67	19.43

区　　域	地　区	非农业户口占比		人口城镇化率	
		"六普"	"五普"	"六普"	"五普"
	陕　　西	26.18	22.14	45.70	32.15
	甘　　肃	25.35	19.08	35.94	23.95
	青　　海	28.08	26.80	44.72	32.33
	宁　　夏	36.49	27.72	47.96	32.44
	新　　疆	40.06	30.25	42.79	33.84
全　国		29.14	24.73	50.27	36.92

资料来源：基于《中国 2000 年人口普查资料》《中国 2010 年人口普查资料》数据计算得出。

比较三大区域的人口密度变化情况，发现我国东部地区的人口密度上升最为明显。其中，北京、上海和天津的上升幅度最大，人口密度分别比"五普"时期上升了 44.54%、40.29% 和 31.37%，同时，东部地区其他省份的人口密度也存在不同程度的上升。而中西部地区人口密度的提高较不明显，一些省份还出现了下降，如湖北、重庆、四川和贵州。因此，从人口密度特点和变化情况可以得知：我国东部人口十分密集，并且集中趋势越来越强，中西部地区人口密度变化不明显，而且某些省份还出现下降的趋势。

　　3. 人口地理集中度

　　人口地理集中度表示某地区每 1% 的国土面积上集中了全国百分之多少的人口。人口地理集中度越高，表明该地区人口的极化作用越强。人口的地理集中度将地理面积纳入地区人口比重中一同考虑，能够更客观地反映某地区人口情况在全国所处的地位。

通过比较"五普"、"六普"两段时期我国各省份人口的地理集中度，可以看出，东部地区人口地理集中度呈不断上升的趋势。上海市的土地面积仅占全国面积的 0.066%，但人口比重相对较高，2000年和2010年上海市的人口数分别占全国总人口数的 1.32% 和 1.73%。所以，"五普"和"六普"两段时期，上海每1%的土地上分别集中了全国 15.27% 和 20.26% 的人口，且上升幅度较大，上升速度较快，上海市的人口地理集中度在全国处于领先水平，这说明目前上海是我国人口极化作用最强的地区；虽然，中部和西部地区的人口密度略有提升，但是其人口地理集中度均呈下降趋势，中部地区下降幅度最大。其中，安徽和河南为我国人口大省，人口分布较为密集，但近些年来，人口的地理集中度呈下降趋势。这说明我国中部和西部地区的人口极化作用正在不断减弱，人口规模在全国所处地位逐渐降低。

4. 经济地理集中度

经济地理集中度表示每1%的国土面积生产了全国百分之多少的 GDP。经济地理集中度越高，该地区就具有越强的生产极化作用，该指标能够在一定程度上反映某地区的经济在全国所处的地位。根据表 2-2，可以看出，我国东部地区与中西部地区经济地理集中度差距较大，东部地区经济极化作用十分明显。其中，上海的经济地理集中度最高，而且远超北京、天津。但是，上海的经济极化作用呈减弱的趋势，相反，北京和天津则呈上升趋势。

5. 人口分布—区域生产不一致性系数

人口分布—区域生产不一致性系数是人口的地理集中度与经济地理集中度的比值（李国平等，2003）。[①] 比值越接近于1，表示人口分布与经济生产越协调；反之，若该比值越偏离1，则表示人口分布和地区经济生产越不协调。比较"五普"和"六普"两个阶段人口分布—区域生产不一致性系数，如表2－2所示，可以得到如下结论：

首先，我国多数地区人口规模与地区经济生产发展不协调，尤其是东部经济较为发达的地区，人口极化作用小于生产的极化作用。而且，人口极化速度小于经济极化的速度。所以，东部地区的人口集中程度相对于产业的集中仍有提升的空间。如上海是东部地区人口分布—区域生产不一致系数最低的地区，"五普"和"六普"时期的不一致系数分别为0.21和0.34，因此，相对于经济集中程度而言，上海市的人口集中度还有较大提升空间。

其次，我国中部地区人口的极化作用大于生产的极化作用。在东、中、西三大区域中，中部地区的不一致性系数最高，是我国人口极化与经济极化最不平衡的地区，如安徽、江西、河南和湖南是我国人口输出大省，人口的集中度大于经济的集中度，人口规模和经济发展水平不协调。所以，发展中部地区经济，不但需要加大投资力度，提高产业集中度和经济集中度，而且还要加大力度提高人力资本素质，鼓励人口的合理迁移，

---

① 李国平、范红忠：《生产集中、人口分布与地区经济差异》，《经济研究》2003年第11期。

保证人口数量与经济发展水平协调一致。

最后，我国西部地区人口分布较为稀疏，但人口地理集中度高于经济地理集中度，人口分布—区域生产不一致性系数多数大于1，这是由于对于相对稀疏的人口来说，西部地区多数省份的经济与全国其他省份相比处于十分落后的地位。因此，其经济极化程度不及人口的极化程度。

表 2-2　我国"五普""六普"时期经济及人口的空间地理分布状况

区　域	地　区	人口密度（人/km²）		人口地理集中度		经济地理集中度		人口分布—区域生产不一致性系数	
		"六普"	"五普"	"六普"	"五普"	"六普"	"五普"	"六普"	"五普"
东　部	东部地区	507	449	2.53	2.37	4.37	4.36	0.58	0.54
	北　京	1297	897	6.47	4.73	18.45	14.57	0.35	0.32
	天　津	1272	968	6.35	5.11	17.93	14.33	0.35	0.36
	河　北	420	390	2.1	2.06	2.36	2.65	0.89	0.78
	辽　宁	328	314	1.64	1.66	2.74	3.12	0.60	0.53
	上　海	4060	2894	20.26	15.27	59.85	71.34	0.34	0.21
	江　苏	852	791	4.25	4.17	8.87	8.26	0.48	0.51
	浙　江	594	501	2.96	2.64	5.98	5.86	0.50	0.45
	福　建	338	312	1.68	1.65	2.67	3.19	0.63	0.52
	山　东	678	637	3.38	3.36	5.48	5.37	0.62	0.63
	广　东	645	527	3.22	2.78	5.62	5.31	0.57	0.52
	广　西	216	206	1.08	1.09	0.89	0.86	1.21	1.27
	海　南	275	240	1.37	1.27	1.30	1.46	1.06	0.87
中　部	中部地区	327	320	1.63	1.69	0.89	0.90	1.83	1.87
	山　西	254	231	1.27	1.22	1.30	1.04	0.98	1.17
	吉　林	163	159	0.81	0.84	1.02	0.96	0.80	0.87
	黑龙江	90	85	0.45	0.45	0.48	0.68	0.93	0.66
	内蒙古	23	22	0.12	0.12	0.22	0.12	0.53	0.99
	安　徽	474	470	2.36	2.48	1.94	2.15	1.21	1.15
	江　西	297	269	1.48	1.42	1.24	1.19	1.19	1.20
	河　南	626	607	3.12	3.20	3.04	3.04	1.03	1.05
	湖　北	342	356	1.71	1.88	1.89	2.27	0.90	0.83
	湖　南	345	332	1.72	1.75	1.66	1.72	1.03	1.02
西　部	西部地区	59	57	0.29	0.30	0.24	0.24	1.21	1.27

区　域	地　区	人口密度 （人/km²）		人口 地理集中度		经济 地理集中度		人口分布－区域生 产不一致性系数	
		"六普"	"五普"	"六普"	"五普"	"六普"	"五普"	"六普"	"五普"
	重　庆	389	411	1.94	2.17	2.11	1.90	0.92	1.14
	四　川	184	189	0.92	1.00	0.78	0.82	1.18	1.22
	贵　州	219	222	1.09	1.17	0.57	0.56	1.91	2.11
	云　南	130	119	0.65	0.63	0.40	0.49	1.61	1.29
	西　藏	3	2	0.01	0.01	0.01	0.01	1.49	1.32
	陕　西	202	191	1.01	1.01	1.08	0.80	0.93	1.26
	甘　肃	62	61	0.31	0.32	0.20	0.21	1.57	1.52
	青　海	9	7	0.04	0.04	0.04	0.04	1.05	1.09
	宁　夏	105	92	0.53	0.48	0.56	0.39	0.94	1.23
	新　疆	15	12	0.07	0.06	0.07	0.08	1.01	0.80

　　资料来源：基于《中国 2000 年人口普查资料》《中国 2010 年人口普查资料》《2011、2001 中国统计年鉴》中华人民共和国行政区划数据计算得出。

二　人口的产业分布特征

　　人口迁移与区域经济发展密切相关，并且二者之间存在复杂的关系。经济的运行不能脱离产业发展的支撑，产业集聚与发展又离不开充足的劳动力资源。目前，我国人口迁移的主要目的是务工经商，而且，近些年迁移人口数量快速上升，人口的集聚和产业集聚相互促进，推动了整个宏观经济快速发展。所以，了解人口产业分布特征，并结合地区产业结构特征，将产业结构与就业结构联系起来，有助于了解人口迁入与迁出同各地区经济之间的内在联系，而且，观察人口的就业结构也有助于发现我国人口就业结构存在的问题，从而找出引导人口迁移的途径和适宜的对策。表 2－3 反映了"五普"和"六普"两段时期我国各地区三次产业人口就业状况，通过分析表中数据可以得到如下结论。

（一）我国人口就业结构分布仍较不合理

我国目前基本上处于工业化的第二个阶段，即工业化中期的上半阶段（郭克莎，2000）。[①] 判断工业化阶段的方法有很多种，根据克拉克、威廉·配第等学者的证实研究，如果按照各产业从业人员比重判断我国现阶段所处的工业化阶段，第一产业从业人员比重在20%～50%的，表明该国家正处于工业化中期阶段。"六普"时期我国三次产业的就业比重分别为48.3∶24.2∶27.5，第一产业人口冗余，第二、三产业人口不足，我国各产业从业人员分配十分不平衡。但是，近些年，人口就业结构出现了明显的改善，与"五普"时期相比，第一产业就业人员比重大幅下降，第二、三产业就业人员比重大幅上升。因此，若按照人口就业结构来划分工业阶段，则我国仍处于工业化中期前半阶段，而如果按照三次产业产值来划分，则我国已经进入工业化中后期阶段。所以，我国的人口就业结构分布十分不合理，就业结构落后于产业发展进程。

（二）东部地区人口就业结构处于最高层级

我国东部沿海地区人口就业结构所处的层级相对最高，与中西部地区相比，东部地区第一产业人员就业比重下降幅度最大，第三产业人员就业比重上升幅度最大。目前，东部地区三次产业劳动力分布较为平均，各产业人员就业比重分别为36.55∶32.46∶

---

① 郭克莎：《中国工业化的进程、问题与出路》，《中国社会科学》2000 年第 3 期。

30.99。其中，上海、北京、天津、浙江、广东、江苏是东部地区经济最发达、人均收入水平最高、产业结构层级也最高的省份。尤其是上海和北京，根据中国社会科学院的研究报告证实，2005年上海和北京已经进入中国社会科学后工业化阶段，其劳动力主要集中在第二产业和第三产业，"六普"时期，上海和北京第三产业就业人口比重分别上升到 54.51% 和 70.90%，而第一产业就业比重分别下降到 2.94% 和 5.45%。

（三）中部和西部地区人口就业结构较不合理

中部和西部地区人口就业结构分布较不合理。第一产业就业人员比重过高，但是，近些年出现一定程度的改善。"五普"时期，中部和西部地区第一产业就业比重偏高，已分别达70.46% 和 75.74%，产值占比分别达 55.83% 和 62.13%，而第二、三产业的从业人员比重和产值比重均较低。中部地区中人口规模越大的省份，这种特征就越明显，如河南、安徽、湖南、江西是我国中部地区人口规模最大的几个省，同时，这些省的第一产业就业比重也是最高的。在"五普"时期，中、西部地区人口就业结构十分不合理。但是，"六普"时期中、西部地区产业结构和就业结构出现明显改善，第一产业就业比重和产值比重均出现大幅下降，而第二、三产业则出现大幅上升。尤其是中部地区第二产业产值上升最快，已经从 18.86% 上升到52.40%，几乎所有省份第二产业产值比重均在 50% 以上，西部地区第二产业比重也由 14.48% 上升到 49.55%（见表 2-4），其中，青海、重庆、陕西、四川的产值比重达 50% 以上。然而，中部和西部地区第二产业的就业结构上升幅度却不大，吉林、黑龙江和新疆还出现下降趋势。这说明 21 世纪以来中西部地区的产业结构有所提升，制造业取代了农林牧渔业，成为中部和西部地区的主导产业，但是，从第二产业就业结构看，制造业吸纳的劳动力不多。因此，在劳动力供给丰富，农业剩余劳动力规模较大，而就业机会较少的情况下，中部和西部地区就可能积蓄大规模的剩余劳动力，人口迁移潜力较大。

表 2 - 3　"五普"和"六普"时期我国各省人口的就业结构

单位：%

区　域	地　区	"五普"			"六普"		
		第一产业	第二产业	第三产业	第一产业	第二产业	第三产业
东　部	平　均	53.33	24.88	21.79	36.55	32.46	30.99
	北　京	13.00	31.02	55.98	5.45	23.64	70.90
	天　津	30.28	34.90	34.81	20.43	38.63	40.94
	河　北	70.77	14.15	15.08	59.70	19.63	20.68
	辽　宁	51.71	21.57	26.72	44.18	20.67	35.15
	上　海	11.51	45.93	42.57	2.94	42.55	54.51
	江　苏	52.13	27.87	20.00	22.78	44.03	33.20
	浙　江	33.65	40.76	25.59	14.75	51.81	33.44
	福　建	47.72	27.48	24.80	28.28	37.34	34.38
	山　东	68.70	15.85	15.45	54.51	22.89	22.60
	广　东	37.32	38.28	24.40	24.58	43.60	31.82
	广　西	77.52	7.78	14.70	66.99	11.81	21.20
	海　南	67.90	8.43	23.67	59.11	9.41	31.47
中　部	平　均	70.46	12.00	17.54	55.83	18.86	25.31
	山　西	59.28	18.65	22.06	49.00	19.87	31.13
	吉　林	61.53	14.78	23.69	59.43	11.74	28.84
	黑龙江	57.59	16.24	26.18	55.31	14.45	30.25
	内蒙古	61.56	14.43	24.01	50.34	16.92	32.74
	安　徽	74.86	10.84	14.30	54.19	21.55	24.26
	江　西	68.18	13.83	17.99	44.38	30.55	25.07
	河　南	80.00	8.20	11.80	66.48	14.87	18.65
	湖　北	66.18	13.00	20.82	53.09	19.99	26.92
	湖　南	74.79	9.89	15.33	55.88	19.33	24.78

续表

区　域	地区	"五普"			"六普"		
		第一产业	第二产业	第三产业	第一产业	第二产业	第三产业
	平　均	75.74	9.40	14.86	62.13	14.48	23.40
西　部	重　庆	72.62	11.99	15.38	50.26	19.97	29.77
	四　川	77.44	8.88	13.68	60.23	16.91	22.86
	贵　州	81.70	6.63	11.67	68.87	11.28	19.85
	云　南	79.12	7.64	13.25	69.32	11.72	18.96
	西　藏	79.63	5.04	15.33	74.94	5.23	19.83
	陕　西	70.89	11.89	17.23	54.70	17.01	28.29
	甘　肃	79.34	7.93	12.73	71.69	9.29	19.03
	青　海	72.24	9.50	18.26	57.75	13.62	28.64
	宁　夏	63.74	15.13	21.13	51.12	18.70	30.18
	新　疆	60.95	13.65	25.40	61.22	11.23	27.55
全　国	平　均	64.38	16.81	18.81	48.34	24.16	27.51

资料来源：基于《中国 2000 年人口普查资料》《中国 2010 年人口普查资料》数据计算得出。

表 2－4　我国各省产业结构状况

单位：%

区　域	地　区	2000 年			2010 年		
		第一产业	第二产业	第三产业	第一产业	第二产业	第三产业
	平　均	36.55	32.46	30.99	6.90	49.62	43.48
东　部	北　京	5.45	23.64	70.90	0.88	24.01	75.11
	天　津	20.43	38.63	40.94	1.58	52.47	45.95
	河　北	59.70	19.63	20.68	12.57	52.50	34.93
	辽　宁	44.18	20.67	35.15	8.84	54.05	37.11
	上　海	2.94	42.55	54.51	0.66	42.05	57.28
	江　苏	22.78	44.03	33.20	6.13	52.51	41.35
	浙　江	14.75	51.81	33.44	4.91	51.58	43.52
	福　建	28.28	37.34	34.38	9.25	51.05	39.70
	山　东	54.51	22.89	22.60	9.16	54.22	36.62
	广　东	24.58	43.60	31.82	4.97	50.02	45.01
	广　西	66.99	11.81	21.20	17.50	47.14	35.35
	海　南	59.11	9.41	31.47	26.15	27.66	46.19

续表

区　域	地　区	2000 年			2010 年		
		第一产业	第二产业	第三产业	第一产业	第二产业	第三产业
中　部	平　均	55.83	18.86	25.31	12.56	52.40	35.05
	山　西	49.00	19.87	31.13	6.03	56.89	37.09
	吉　林	59.43	11.74	28.84	12.12	51.99	35.89
	黑龙江	55.31	14.45	30.25	12.57	50.19	37.24
	内蒙古	50.34	16.92	32.74	9.38	54.56	36.06
	安　徽	54.19	21.55	24.26	13.99	52.08	33.93
	江　西	44.38	30.55	25.07	12.77	54.20	33.03
	河　南	66.48	14.87	18.65	14.11	57.28	28.62
	湖　北	53.09	19.99	26.92	13.45	48.64	37.91
	湖　南	55.88	19.33	24.78	14.50	45.79	39.71
西　部	平　均	62.13	14.48	23.40	13.18	49.55	37.27
	重　庆	50.26	19.97	29.77	8.65	55.00	36.35
	四　川	60.23	16.91	22.86	14.45	50.46	35.09
	贵　州	68.87	11.28	19.85	13.58	39.11	47.31
	云　南	69.32	11.72	18.96	15.34	44.62	40.04
	西　藏	74.94	5.23	19.83	13.54	32.30	54.16
	陕　西	54.70	17.01	28.29	9.76	53.80	36.44
	甘　肃	71.69	9.29	19.03	14.54	48.17	37.29
	青　海	57.75	13.62	28.64	9.99	55.14	34.87
	宁　夏	51.12	18.70	30.18	9.43	49.00	41.57
	新　疆	61.22	11.23	27.55	19.84	47.67	32.49
全　国	平　均	48.34	24.16	27.51	9.27	50.35	40.37

资料来源：基于《2001 年中国统计年鉴》和《2011 年中国统计年鉴》数据计算得出。

第二节　人口迁移状况

我国跨省际的人口迁移越来越活跃，迁移规模成倍增长，尤其是由落后地区向与其空间距离较近的经济发达省份迁移的人口比重越来越高（Fan，2005）[①]。"五普"时期的迁移人口中，户籍没有发生变动的跨省迁移的人口数为4242万，而"六普"时期，该类型迁移人口规模快速上升至8588万人，是"五普"时期的2.02倍，省际迁移人口比重也由29.38%上升至32.91%。鉴于省际范围的人口迁移越来越活跃，有成为人口迁移主流的发展趋势，所以，本书以省际人口迁移为研究视角，深入分析21世纪以来我国省际人口迁移的变化，从而把握人口迁移趋势，为接下来研究人口迁移和经济发展之间的关系做铺垫。

一 迁移率的变动

根据"五普"和"六普"两段时期我国省际人口迁移的数据，发现迁移人口的数量规模在2000年以后出现明显的增长，人口迁移的地区选择、迁移中心、迁移人口的文化素质、从业结构等方面也发生了如下几个方面的改变，具体数据如表2-5所示。

（一）省际人口迁移规模呈扩大趋势

1990~2000年离开户口登记地半年以上、跨省迁移的人口数为4713万人，而2000~2010年，跨省迁移的人数已达7929万人，省际迁移的人口数在全部迁移人口中所占比重由29.38%上升到32.56%。2010年省际迁移人口的人口迁移率也由2000年的10.94‰上升到17.31‰。因此，无论从人口迁移数量，还

---

① Fan Cindy C., Interprovincial Migration, Population Redistribution, and Regional Development in China, 1990 and 2000 Census Comparisons, *The Professional Geographer*, 2005, 57 (2): 295 – 311.

是从迁移率看，2000年以后我国省际迁移人口的迁移规模均呈扩大趋势，而且这种趋势还在不断加快。

（二）东部地区人口迁入规模持续扩大，中西部地区人口迁出数量成倍增长

我国东部地区是人口迁入率最高的区域，而且其人口迁入率增长幅度最大。与2000年相比，2010年东部地区的人口迁入率上升了5.77个千分点；中部地区是我国人口迁入率最低的区域，而且人口净迁移率呈不断下降的趋势，2010年我国全部迁移人口中有48%的迁出人口来自中部地区，在"六普"时期，中部地区除了内蒙古为该区域唯一一个人口净迁入地区之外，其他省份均为人口净迁出地区，安徽省是我国人口迁出率最高的省份，而且也是净迁移率上升幅度最大的省份，2010年安徽省的人口迁出率上升至20.80‰，成为"六普"时期我国第一人口输出大省。

从人口迁移的数量看，东部地区人口净迁入规模有所扩大，而中西部地区人口净迁出的数量出现大幅上升。其中，东部地区的江苏、浙江和天津人口迁入规模增长最明显，分别同比增长348%、303%、231%，而东部地区仅有广西、河北和山东是人口净迁出地；中部地区绝大多数省份人口净迁出规模呈扩大趋势，其中，安徽、江西、河南、湖北和湖南是中部地区人口净迁出率最高的地区，与2000年相比，2010年河南、吉林、湖北、安徽人口的净迁出数量增长最快，分别同比增长172%、87%、85%、82%。上述这些特征说明我国中、西部地区的劳动力迁出规模持续扩大，同时，东部地区的人口聚集趋势更加明显。

（三）西部地区的新疆对人口的吸引作用明显减弱

虽然，2010 年新疆仍是西部地区人口迁入率和净迁移率最高的地区，但新疆的平均人口迁入率已经出现明显下降，同时，其人口迁出率又出现上升趋势。所以，与"五普"时期相比，"六普"时期新疆的净迁入人口数量明显下降，而且，也已不再是我国的人口迁移中心。

表 2-5　2000 年和 2010 年我国省际平均人口迁移率比较

单位：‰

地区＼年份	迁入率		迁出率		净迁入率	
	2000	2010	2000	2010	2000	2010
东　部	9.77	15.54	3.06	5.17	6.72	10.37
北　京	28.75	41.65	2.65	4.39	26.10	37.26
天　津	10.22	26.60	2.17	3.78	8.06	22.81
河　北	2.33	2.63	2.64	5.73	-0.31	-3.10
辽　宁	3.69	5.55	1.86	3.22	1.84	2.33
上　海	27.45	43.79	2.06	3.56	25.39	40.23
江　苏	5.45	12.92	3.54	5.00	1.91	7.92
浙　江	12.10	31.13	4.32	4.96	7.78	26.17
福　建	8.48	14.46	3.93	6.40	4.56	8.06
山　东	2.03	2.89	1.97	4.35	0.06	-1.45
广　东	28.57	28.71	1.09	3.33	27.49	25.37
广　西	1.38	2.75	8.84	12.93	-7.46	-10.18
海　南	6.07	8.20	3.61	5.71	2.46	2.49
中　部	1.61	2.62	7.74	12.69	-6.12	-10.07
山　西	2.40	2.87	2.09	4.56	0.31	-1.70
吉　林	2.05	2.71	4.28	6.69	-2.22	-3.99
黑龙江	1.81	1.86	5.64	8.45	-3.83	-6.58
内蒙古	2.87	7.17	3.89	5.60	-1.02	1.57
安　徽	1.11	3.10	10.22	20.80	-9.11	-17.70
江　西	1.35	3.29	15.30	16.39	-13.95	-13.10

续表

地区\年份	迁入率		迁出率		净迁入率	
	2000	2010	2000	2010	2000	2010
河　南	1.05	0.94	5.15	11.77	-4.10	-10.84
湖　北	2.35	3.24	8.55	14.56	-6.21	-11.32
湖　南	1.26	2.26	11.34	15.06	-10.08	-12.80
西　部	3.06	3.79	6.65	9.64	-3.59	-5.85
重　庆	3.35	5.64	8.26	14.13	-4.90	-8.49
四　川	1.57	2.59	11.72	12.22	-10.15	-9.64
贵　州	1.54	3.56	7.25	16.09	-5.71	-12.53
云　南	3.62	2.83	1.96	4.88	1.66	-2.05
西　藏	5.82	6.92	2.91	4.70	2.91	2.22
陕　西	2.48	4.07	4.22	7.46	-1.74	-3.39
甘　肃	1.66	1.98	4.58	7.98	-2.92	-6.00
青　海	3.25	6.83	5.21	5.60	-1.95	1.22
宁　夏	4.74	7.82	3.22	4.92	1.52	2.89
新　疆	11.90	8.06	2.26	2.75	9.65	5.31

资料来源：根据《中国 2000 年人口普查资料》及《中国 2010 年人口普查资料》汇总计算。

二　迁移规模的变动

图 2-1、图 2-2 和图 2-3 分别比较了我国东、中、西各省份"五普"和"六普"两段时期人口迁移规模，以及各省份在其各自区域内人口迁移地位的变化，具体特征如下：

从图 2-1 可以看出，东部地区的浙江、江苏和上海在"六普"时期的人口迁入比重出现明显上升，广东则出现明显下降。这说明浙江、江苏和上海在东部区域的人口迁移地位有明显上升，长三角经济圈逐渐成为我国迁移人口聚集的核心地区；"六普"时期，广东的迁入人口占东部地区所有迁入人口的31.30%，与"五普"时期相比，出现明显下降。可见广东经历了90年代后期以来迁入人口的膨胀式增长后，近些年来，广东的人口迁入热情有减弱的趋势。同时，长三角苏南地区外商直接投资快速增长，并且超过了广东，而且，民营经济也快速成长起来，同时，珠三角地区又出现了"民工荒"。[①] 可以看出，随着长三角经济活力的不断提升，其对迁移人口的吸引作用也逐渐凸显，并且有超越珠三角的趋势。虽然，近些年广东的迁入人口比重出现明显下降，但仍是我国迁移人口最为集中的省份，具体数据见表2－6。

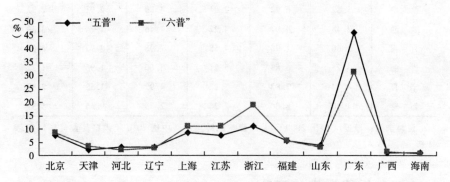

图2－1　"五普"和"六普"时期跨省际范围迁入东部地区迁移人口数量变化
资料来源：《中国2010年人口普查》，中国统计出版社。

表2－6　"五普"、"六普"时期我国东部地区省际人口迁移比重

单位：%

东部地区	"五普"	"六普"
北　京	7.58	8.68
天　津	1.97	3.38
河　北	3.08	2.08
辽　宁	3.03	2.66
上　海	8.70	11.12

---

①　王桂新、刘建波：《长三角和珠三角地区省际人口迁移比较研究》，《中国人口科学》2007年第2期。

续表

东部地区	"五普"	"六普"
江 苏	7.65	11.03
浙 江	10.88	18.94
福 建	5.40	5.67
山 东	3.62	3.02
广 东	46.07	31.30
广 西	1.15	1.35
海 南	0.87	0.76

资料来源:《中国2010年人口普查》。

中部地区是我国的劳动力输出中心,由于中部地区和东部沿海地区收入差距较大,并且这一差距也在不断扩大,所以,中部地区的迁移人口大多流入东部沿海地区,并且迁移人口的数量规模快速增长。"六普"时期,中部地区的安徽省和河南省的迁出人口在全部迁出人口中所占比重有明显提高,其中,河南和安徽成为中部地区迁出人口最多的省份,而江西和湖南迁移人口的比重则出现明显的下降。因此,江西和湖南在中部地区的人口迁移地位明显下降。中部地区除了安徽、河南、江西和湖南之外,其他省份人口迁出比重变化不大,具体数据如表2-7所示。

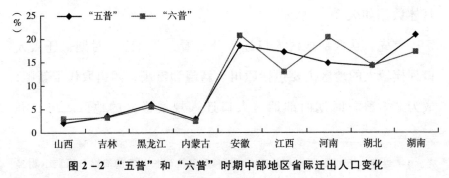

图2-2 "五普"和"六普"时期中部地区省际迁出人口变化

资料来源:《中国2010年人口普查》,中国统计出版社。

表 2 -7 "五普"、"六普"时期我国中部地区省际人口迁移比重

单位：%

中部地区	"五普"	"六普"
山　西	2.14	2.98
吉　林	3.39	3.21
黑龙江	6.03	5.50
内蒙古	2.83	2.44
安　徽	18.55	20.78
江　西	17.19	13.10
河　南	14.80	20.42
湖　北	14.17	14.30
湖　南	20.91	17.27

数据来源：《中国 2010 年人口普查》。

　　20 世纪 90 年代以来，西部地区的人口迁移规律发生了逆转，除了东部地区之外，西部地区的迁入人口明显超过中部地区。[①] 继西部大开发战略实施以来，各项建设项目逐步得到落实，西部地区的人口迁入规模不断扩大，使得西部地区成为我国新的人口净迁入地。所以，鉴于西部地区这种较为特殊的、重要的人口迁移角色，在研究西部地区人口迁移情况时，有必要从人口迁入和迁出两方面探讨西部地区各省人口迁移的特征，具体数据如表 2 -8 所示。

　　首先，从西部地区人口迁入分布看，"六普"时期，迁入人口规模较大的地区主要包括四川、新疆和重庆，四川取代了新疆，成为"六普"时期西部地区人口迁入规模最大的地区。与"五

---

① 逯进、朴明根：《西部地区人口迁移与经济增长关系的演进分析》，《财经问题研究》2008 年第 3 期。

普"时期相比,四川、重庆、贵州、陕西、青海、宁夏的人口迁入规模明显扩大,而新疆、云南人口迁入的比重则明显下降。

其次,从西部地区人口迁出分布看,迁出的人口均主要来自四川、贵州和重庆。与"五普"时期相比,虽然,四川仍为人口迁出规模最大的地区,但是迁出人口的比重出现十分明显的下降,而在迁入人口比重不断上升的情况下,四川取代了新疆成为"六普"时期西部地区主要人口迁入地。西部地区只有贵州和云南两省的人口迁出规模呈扩大趋势,其他各省份迁出人口比重变化不大。

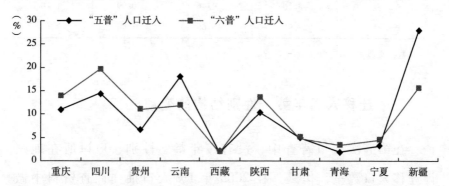

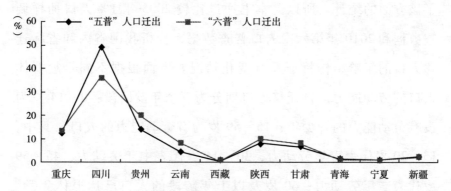

图2－3 "五普""六普"两段时期我国西部地区省际人口迁移地位的变化

资料来源:《中国2010年人口普查》,中国统计出版社。

表2-8 "五普"、"六普"时期我国西部地区省际人口迁移比重

单位：%

西部地区	人口迁入		人口迁出	
	"五普"	"六普"	"五普"	"六普"
重　庆	10.98	13.73	12.43	13.51
四　川	14.46	19.67	49.55	36.55
贵　州	6.41	11.04	13.89	19.64
云　南	18.03	11.78	4.49	7.98
西　藏	1.73	1.71	0.40	0.46
陕　西	10.37	13.69	8.11	9.87
甘　肃	4.99	4.85	6.32	7.67
青　海	1.89	3.41	1.39	1.10
宁　夏	3.16	4.46	0.99	1.10
新　疆	27.99	15.66	2.44	2.10

数据来源：《中国2010年人口普查》。

三　迁移人口年龄、性别结构的变动

在第五次人口普查中，没有按年龄、性别、户口所在地统计迁移人口数量，但是，在2005年1%人口抽样调查资料中做了该方面的统计。所以，本书通过比较2005年1%人口抽样调查数据和2010年第六次人口普查数据，分析我国省内和省际迁移人口的年龄结构特征及其变化情况。下面根据不同年龄群体人口的劳动能力，将迁移人口划分为五个年龄阶段：0~14岁为没有劳动能力的青少年；15~59岁为有劳动能力的人口，其中，15~29岁代表青年劳动力，30~44岁代表中年劳动力，45~59岁代表老年劳动力；60岁及以上年龄段的人口已达退休年龄。各年龄阶段按性别分迁移人口的数据结果如表2-9所示，分析此表中的数据可以得到如下几个主要结论：

（一）男性迁移人口数多于女性，男、女在省际迁移中的数量差距最大

从总体看，我国迁移人口中男性多于女性，且男性迁移人口增长幅度大于女性，女性省际迁移的积极性低于男性。2005年1%人口抽样调查数据与"五普"数据相比，省内迁移人口中，男性数量增加了2478万人，女性增加了2187万人，男性较女性多291万人；而在省际人口迁移中，男性数量增加了1384万人，女性仅增加585万人，男、女省际人口迁移数量差距达799万人。因此，可以看出，女性省际迁移的数量规模不仅不及男性，而且，迁移数量增长幅度也不及男性大，迁移距离越远，女性迁移的积极性越低。

（二）青年劳动力迁移人口数最多，省内迁移人口年轻化趋势增强

我国迁移人口年龄主要分布在15～44岁阶段，其中，15～29岁年龄段的迁移人数最多，迁移人口年轻化趋势明显增强。尤其是省内迁移，2005年抽样数据显示，省内迁移人口主要集中在30～44岁阶段，而在"六普"时期，15～29岁群体的迁移人口大幅上升，远超过30～44岁的迁移人口数。

（三）青年劳动力中女性迁移人口数多于男性，但男女差距呈缩小趋势

与其他年龄段男女迁移人口特征不同，15～29岁年龄段的女性迁移人口多于男性，但男性迁移人口上升速度较女性快，男女迁移人口差距在不断缩小。2005年抽样调查数据显示，15～29岁青年劳动力中，省内迁移女性较男性多418万人，而

2010 年第六次人口普查数据显示，男女数量差距已经缩小到 294 万人；与省内迁移相比，省际迁移中，男女青年劳动力的数量差距相对较小，2005 年抽样数据女性较男性多 105 万人，到"六普"时期，该年龄段的男性迁移人口已经超过了女性，较女性多 291 万人。可以看出，男性的迁移表现得越来越活跃，相比之下，女性迁移的积极性越来越低，而且，在跨省际的迁移中，男性的迁移更加活跃。

表 2－9　按年龄、性别分迁移人口数量

单位：万人

	省　内				省　际			
	2005 年抽样		"六普"		2005 年抽样		"六普"	
	男	女	男	女	男	女	男	女
0 ~ 14 岁	983	849	1132	962	333	263	397	309
15 ~ 29 岁	1677	2095	3078	3372	1455	1560	1954	1663
30 ~ 44 岁	2069	2015	2525	2375	1305	1068	1791	1309
45 ~ 59 岁	1057	940	1424	1265	268	193	580	377
60 岁及以上	597	558	702	670	92	83	114	95
平　均	6384	6457	8862	8644	3452	3167	4836	3752

资料来源：根据 2005 年 1% 人口抽样调查资料和《中国 2010 年人口普查资料》整理得出，中国统计出版社。

四　迁移人口文化素质结构的变动

人口的受教育程度体现了人口的文化素质，高素质的劳动力是技术进步、经济可持续发展的动力。了解迁移人口的文化素质构成情况，有助于及时发现劳动力供给存在的问题，可以根据问题提出解决办法，促进人力资本积累，优化劳动力供给结构，从而促进经济的协调发展。表 2 - 10 和表 2 - 11 是各地区省际和省内范围迁移人口的文化素质构成情况，通过分析这两个表中的数据，能够得出如下结论：

（一）省际迁移人口中未受过教育和受过初等教育的比重上升

同"五普"时期相比，"六普"时期我国省际迁移人口中，未受过教育及受过初等教育的比重有所提高，而中、高等文化素质的迁移人口比重则出现下降。其中，以中、西部地区省际迁移人口受过初等教育的比重上升幅度最大。

（二）受过高等教育的人口跨省迁移的流动性降低，而省内迁移趋势增强

比较省内和省际迁移人口的文化素质水平，发现我国具有高等学历的人口多选择在本省范围内迁移。与"五普"时期相比，"六普"时期具有高等学历的人口省内迁移比重出现明显的上升，上升了6.40个百分点；而受过高等教育的人口省际迁移比重有所降低，由12.04%下降到9.43%。省际迁移人口中，仅有天津和陕西受过高等教育的人口比重呈上升趋势，其他各省均呈下降趋势。

（三）东部地区高等学历迁移人口以省内迁移为主，中、西部地区以省际迁移为主

，比较我国东、中、西三大地带受过高等教育人口的省际和省内迁移模式，可以看出，东部地区受过高等教育的迁移人口以省内迁移为主，省内迁移的比重存在明显的上升趋势，其中，北京、上海和天津的迁移人口中，受过高等教育的省内迁移比重最高，且上升幅度最大。而中、西部地区受过高等教育的人口省际迁移比重高于东部，其中，江西、陕西、湖南、吉林、

湖北受过高等教育的迁移人口比重均高于其他省份，但"五普"和"六普"两段时期相比有明显下降的趋势。

表 2－10 "五普"和"六普"时期省际迁移人口的文化素质比较

单位：%

		未上过学		初等教育		中等教育		高等教育	
		"五普"	"六普"	"五普"	"六普"	"五普"	"六普"	"五普"	"六普"
东 部	平 均	1.42	2.43	17.43	20.38	70.48	69.61	10.67	7.58
	北 京	1.00	2.53	10.29	13.86	62.68	62.04	26.03	21.57
	天 津	1.38	3.70	15.42	20.31	70.61	58.17	12.59	17.83
	河 北	1.94	2.94	19.57	25.89	60.51	58.67	17.98	12.50
	辽 宁	1.43	4.37	19.96	27.31	62.88	53.12	15.72	15.20
	上 海	2.16	5.18	15.76	23.03	67.37	61.50	14.71	10.28
	江 苏	1.72	4.29	19.47	28.61	69.76	57.98	9.05	9.11
	浙 江	2.05	3.31	26.79	32.21	66.81	60.79	4.34	3.69
	福 建	1.46	1.97	24.38	26.87	68.96	67.09	5.20	4.07
	山 东	2.27	5.10	16.46	24.64	63.43	57.54	17.84	12.72
	广 东	0.66	0.94	12.87	14.42	78.94	80.67	7.52	3.97
	广 西	1.66	3.26	18.11	27.08	63.22	56.78	17.01	12.88
	海 南	1.60	3.47	18.34	25.25	58.38	59.44	21.69	11.84
中 部	平 均	2.37	4.93	18.12	24.88	57.73	52.32	21.79	17.87
	山 西	1.81	4.95	20.10	30.86	65.97	54.30	12.13	9.89
	吉 林	1.72	5.02	17.37	22.59	52.35	46.35	28.56	26.03
	黑龙江	2.71	6.82	19.87	25.79	52.84	46.20	24.58	21.19
	内蒙古	3.85	10.79	22.82	31.37	63.71	52.67	9.63	5.18
	安 徽	3.05	5.23	18.10	28.06	57.67	53.50	21.17	13.21
	江 西	1.31	3.46	13.24	25.55	46.29	54.61	39.16	16.38
	河 南	2.06	3.77	15.21	21.75	60.85	57.52	21.88	16.96
	湖 北	2.07	3.49	16.59	20.06	53.41	50.77	27.93	25.68
	湖 南	1.13	2.75	13.89	22.12	55.93	52.10	29.04	23.03
西 部	平 均	3.00	6.23	23.50	29.59	56.87	50.82	16.63	13.36
	重 庆	2.10	3.81	20.19	26.44	52.79	47.20	24.92	22.55
	四 川	2.20	3.65	18.38	24.61	53.00	50.57	26.42	21.17

续表

		未上过学		初等教育		中等教育		高等教育	
		"五普"	"六普"	"五普"	"六普"	"五普"	"六普"	"五普"	"六普"
	贵　州	2.90	5.75	25.91	34.24	61.07	53.90	10.12	6.11
	云　南	2.75	5.78	30.14	33.56	58.22	55.11	8.89	5.55
	西　藏	6.22	6.49	24.68	24.36	61.43	60.65	7.68	8.49
	陕　西	1.21	2.90	12.09	15.37	52.78	43.17	33.92	38.56
	甘　肃	2.59	5.74	18.83	21.38	58.17	52.19	20.41	20.68
	青　海	5.33	11.73	23.33	24.91	60.25	56.04	11.08	7.32
	宁　夏	3.62	11.65	24.61	30.93	61.12	50.72	10.65	6.69
	新　疆	4.44	9.60	30.41	37.87	58.87	50.70	6.28	1.83
全　国	平　均	1.64	3.19	18.04	22.05	68.29	65.33	12.04	9.43

资料来源：根据《中国2000年人口普查资料》及《中国2010年人口普查资料》整理，中国统计出版社。

注："五普"时期未上过学的迁移人口＝文盲＋扫盲班的迁移人口数；初等教育为小学教育；中等教育包括中学、高中和中专，高等教育为大专以上文化程度的人口。

表 2-11　"五普"和"六普"时期省内迁移人口的文化素质比较

单位：%

		未上过学		初等教育		中等教育		高等教育	
		"五普"	"六普"	"五普"	"六普"	"五普"	"六普"	"五普"	"六普"
东　部	平　均	2.90	1.83	16.31	14.35	64.05	59.22	16.74	24.60
	北　京	2.26	1.40	9.66	7.02	52.72	39.24	35.36	52.34
	天　津	3.42	1.74	12.27	9.51	63.07	53.60	21.24	35.16
	河　北	1.89	1.42	13.35	13.48	68.28	62.69	16.48	22.41
	辽　宁	2.63	1.15	15.21	12.74	61.17	61.69	20.99	24.76
	上　海	3.78	2.17	10.71	8.36	62.71	49.62	22.80	39.86
	江　苏	3.02	1.93	14.11	13.00	64.11	59.47	18.76	25.61
	浙　江	4.21	3.67	21.84	19.38	60.71	53.84	13.24	23.11
	福　建	3.37	2.06	24.04	20.73	59.38	57.54	13.21	19.67
	山　东	2.61	1.75	13.33	12.40	67.77	59.38	16.30	26.47
	广　东	2.54	1.34	17.92	15.05	67.74	65.55	11.79	18.07
	广　西	2.66	1.69	22.86	18.12	61.38	62.06	13.10	18.12
	海　南	3.33	1.96	18.37	15.72	66.04	66.96	12.27	15.37

65

		未上过学		初等教育		中等教育		高等教育	
		"五普"	"六普"	"五普"	"六普"	"五普"	"六普"	"五普"	"六普"
中部	平均	3.61	2.19	18.52	16.24	62.18	60.90	15.69	20.67
	山西	2.68	1.32	16.82	15.92	66.08	66.55	14.41	16.21
	吉林	3.44	1.51	17.12	14.56	61.60	62.73	17.84	21.20
	黑龙江	4.14	2.04	19.20	18.17	59.87	60.90	16.79	18.89
	内蒙古	5.99	3.58	19.78	19.77	62.06	58.88	12.16	17.77
	安徽	4.79	4.02	19.43	17.24	61.36	58.10	14.42	20.64
	江西	3.66	2.29	24.34	20.96	59.24	57.88	12.75	18.87
	河南	2.66	1.52	15.47	12.89	65.07	61.03	16.80	24.55
	湖北	3.61	2.24	18.05	13.84	61.29	62.01	17.05	21.91
	湖南	2.13	1.21	18.41	16.10	62.47	59.87	17.00	22.82
西部	平均	5.83	3.49	23.42	22.11	56.91	55.28	13.85	19.12
	重庆	3.91	2.41	24.41	21.09	58.49	58.31	13.18	18.19
	四川	4.36	3.17	23.48	21.69	59.81	57.07	12.35	18.07
	贵州	8.96	4.78	29.53	28.32	49.80	52.75	11.70	14.16
	云南	7.13	4.33	28.15	27.01	52.91	51.90	11.81	16.76
	西藏	28.27	25.57	25.60	35.44	36.23	22.73	9.90	16.26
	陕西	3.45	2.00	16.25	14.97	60.87	57.09	19.43	25.94
	甘肃	7.52	3.83	19.64	18.22	57.75	56.69	15.09	21.25
	青海	13.11	10.27	21.96	27.08	51.64	44.46	13.29	18.19
	宁夏	10.30	4.86	23.65	24.87	53.89	54.13	12.15	16.14
	新疆	4.34	2.23	19.80	21.50	57.39	52.41	18.47	23.86
全国	平均	3.68	2.28	18.37	16.51	62.09	58.96	15.86	22.26

资料来源:根据《中国 2000 年人口普查资料》及《中国 2010 年人口普查资料》整理,中国统计出版社。

我国"六普"时期受过大学教育的人口规模扩大是一大亮点(胡鞍钢等,2011),[①] 但是,从受过高等教育的省际人口迁移来看,各地区具有高学历的省际迁移人口的流动性普遍降

① 胡鞍钢、才利民:《从"六普"看中国人力资源变化:从人口红利到人力资源红利》,《清华大学教育研究》2011 年第 4 期。

低，但受过初等教育的省际迁移的人口比重呈上升趋势。高学历的迁移人口更倾向于选择本省范围近距离的迁移，尤其是在东部地区，该种迁移模式更加明显。此外，我国西部地区急需提高省际迁移人口的基本文化素质水平，尤其是宁夏、青海、新疆和中部地区的内蒙古。因此，总的来说，我国受过初等教育的人口的流动性最强，受过中等教育和大学教育的人口的流动性在"六普"时期大幅下降，省内近距离迁移的人口文化素质较高，而省际范围迁移的人口文化素质则相对较低。

五 迁移人口职业构成的变动

对图2-4和表2-12进行数据和趋势研究分析，可以得到如下结论：

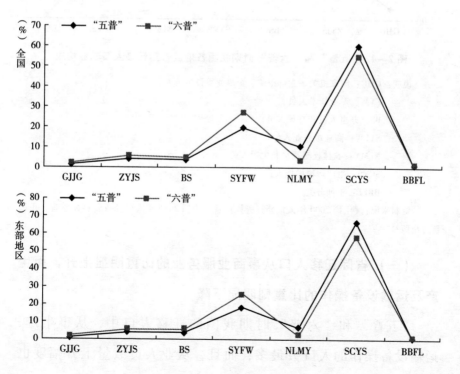

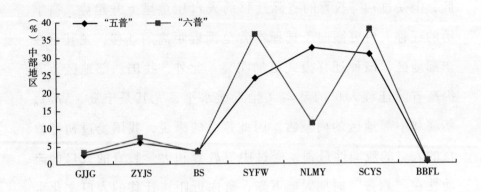

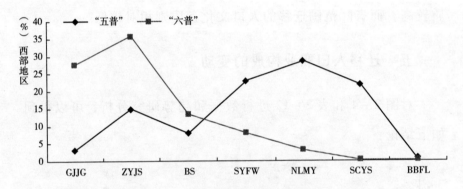

图2-4 "五普"和"六普"时期我国各地区省际迁移人口职业构成

说明：GJJG：国家机关、党群组织、企事业单位负责人；

ZYJS：专业技术人员；

BS：办事人员和有关人员；

SYFW：商业服务业人员；

NLMY：农林牧渔及水利生产人员；

SCYS：生产运输操作人员；

BBFL：不便分类。

资料来源：《中国2000年人口普查资料》及《中国2010年人口普查资料》整理，中国统计出版社。

（一）省际迁移人口从事商业服务业的比重明显上升，而生产及运输设备操作的比重则明显下降

"五普"和"六普"时期我国的迁移人口中，从事生产、运输设备操作的人口数最多，而且，从业人员数量上升幅度也

较大，由 1536 万人增长到 3339 万人。但是，从事该行业的迁移人口占比却呈下降趋势，由 60.75% 下降到 55.44%。而商业服务业从业人员占比呈上升趋势，由 19.74% 上升到 27.64%，从业人员数由 499 万人上升到 1665 万人。虽然，商业服务业的从业人员的占比仍不及生产、运输及设备操作人员的占比高，但该行业从业人员比重上升幅度最大。因此，可以看出，近些年来我国迁移人口中，从事商业服务业的人口数量规模呈大幅上升趋势。除此之外，农林牧渔业及水利生产的人员比重出现了明显的下降趋势，而其他行业从业人员比重则无明显变化。

（二）东部地区人口就业结构和变化趋势与全国基本一致

我国东部地区从事生产及运输设备操作的人员最多，但有下降的趋势；从事商业服务业的人员比重也较高，而且与第五次人口普查数据相比，"六普"时期，从事商业服务业的人员规模呈扩大趋势。东部地区总体的人口就业结构特征和两个时期的发展趋势与全国基本一致。

（三）中部地区省际迁移人口从事农林牧渔及水利生产的比重大幅下降，而从事生产及运输设备操作和商业服务业的比重则大幅上升

从中部地区的迁移人口从业结构看，变化最为明显的就是农林牧渔业从业人员比重，与"五普"时期相比，"六普"时期，该行业从业人员比重出现大幅下降，下降幅度超过 20%。而从事商业服务业和生产及运输设备行业的操作人员的比重明显上升，其中商业服务业上升幅度最大。

（四）西部地区迁移人口在专业技术行业和国家机关的人口比重较高

"五普"、"六普"两段时期，西部地区省际迁移人口从业结构变化最大。"六普"时期，有更多迁移人口在专业技术行业，国家机关、党群组织、企事业单位工作，还有较大一部分迁移人口为办事人员，而其他行业的就业比重均普遍大幅下降，改变了90年代后以农林牧渔及水利生产为主要从业结构的状况，这说明目前社会因素是西部地区人口迁移的主要动因。

表 2－12 "五普"和"六普"时期我国各地区省际迁移人口职业构成

单位：%

		GJJG	ZYJS	BS	SYFW	NLMY	SCYS	BBFL
东部迁入	"五普"	1.16	3.60	3.79	18.04	6.47	66.88	0.05
	"六普"	2.30	5.59	5.27	25.79	2.40	58.57	0.09
中部迁出	"五普"	2.65	6.06	3.67	23.95	32.64	30.77	0.26
	"六普"	3.34	7.40	3.29	36.74	11.03	37.97	0.23
西部迁入	"五普"	3.34	15.05	8.01	23.02	28.59	21.83	0.16
	"六普"	27.67	35.81	13.51	7.93	3.18	0.22	0.25
西部迁出	"五普"	1.38	4.04	3.74	19.74	10.28	60.75	0.09
	"六普"	2.44	5.84	5.03	27.64	3.49	55.44	0.11

数据和注释同图 2－4。

六 迁移原因的变化

人口迁移的原因可以分为自然生态环境因素、经济因素、政治因素和社会文化因素。在改革开放之前，由于我国人口的自由迁移受到严格的抑制和管理，人口的意愿性迁移率很低。虽然，我国曾出现过大规模的人口迁移，但均以国家行政调动为主。如"一五"打造"东北新工业摇篮"时期,东北地区成为国家重点建设项目的重要基地,国家调动并引导大批有知识、有专业技能的青年支援东北建设;60 年代支援边疆、三线建设;70 年代上山下乡运动;80 年代青年返乡等一系列国家政策,形成了大规模的、有组织的人口迁移。改革开放之后,为了培育社会主义市场经济体制,凝固的城乡间、地区间的人口迁移状况得以改变,人口迁移流动规模日趋扩大,计划迁移比重不断下降,由于经济原因而引起的人口自发迁移规模逐渐扩大。因此,国家在第四次人口普查时将人口迁移的原因划分为经济型和非经济型。经济型原因包括务工经商、工作调动和分配录用;非经济型原因包括随迁家属、婚姻嫁娶、学习培训、投亲靠友、退休退职。

鉴于人口迁移与经济发展之间的关联关系越来越紧密,所以,了解主导人口迁移的原因将有助于预测、分析人口迁移流向的趋势,以及人口迁移对经济的影响。表 2-13 是"五普"和"六普"两段时期我国人口迁移的原因比较,根据此表可以得出目前主导人口迁移的核心因素和近期我国人口迁移原因的变化情况。

主导我国人口迁移的因素仍为经济因素。80 年代之前,因务工经商而迁移的人口比重仅为 7.93%,1982~1987 年该比重快速上升至 25.09%,并且成为人口迁移原因中最主要的原因;进入 90 年代,第五次人口普查数据公布结果显示,务工经商的迁移人口比重进一步上升至 30.73%,"六普"时期该比例已经达 45.12%。因此,可以看出,因务工经商而迁移的人口已经成为我国绝大多数迁移人口的主导因素。除了经济因素之外,由于社会文化因素而引起的人口迁移呈不断下降的趋势,如为了婚姻嫁娶、拆迁搬家、投亲靠友、学习培训而发生迁移的人口比重明显下降，虽然由于随迁而发生迁移的人口比重略有上升，但非经济因素整体呈明显下降的趋势。

表 2－13　"五普"、"六普"时期省际人口迁移原因变化

单位：%

	务工经商	随迁家属	学习培训	拆迁搬家	其　他	婚姻嫁娶	投亲靠友	工作调动	寄挂户口
"五普"	30.73	12.85	11.66	14.52	5.79	12.02	5.03	4.28	—
"六普"	45.12	14.17	11.42	9.30	6.39	4.83	4.21	3.85	0.72

　　资料来源：根据《中国 2000 年人口普查资料》及《中国 2010 年人口普查资料》整理，中国统计出版社。

第三节　人口迁移中心

　　人口迁移中心的分布会随着经济发展、地区产业构成和区域发展政策等方面的变化而发生变化。下面将通过计算衡量人口迁移中心的各变量，得到 2000 年以后我国人口迁移中心的变化情况，从而了解省际人口迁移区域模式的现状。

一　人口迁移中心的确定

　　数据来自《中国 2010 年人口普查资料》长表数据。因为，短期性迁移的人口流动性较强，迁移原因也很多，人口的迁移模式也不稳定，而迁移模式的确定需要选取一个稳定的对象，所以，这里将人口迁移区域模式的研究对象定位于离开户口登记地五年以上的迁移人口群体。

　　利用长表中按现住地和五年前常住地分的人口数据，得出全

国各省、直辖市人口省际迁入、迁出状况，由于本书主要研究对象是省际人口的迁移，所以不考虑港澳台或国外人口的迁移情况。

下面将通过计算人口迁移选择指数（Migrant Preference Index）确定我国21世纪以来的人口迁移中心。[1]

$$I_{ij} = \frac{M_{ij}}{(P_i/P_t) \left[P_j / (P_t - P_j) \right] \sum\limits_{ij} M_{ij}} K$$

I_{ij}：迁移选择指数；M_{ij}：i 地区迁向 j 地区的人口数；P_i：迁出地 i 地区的人口数；P_j：迁入地 j 地区的人口数；P_t：全国总人口；K：一般为常数100。

$I_{ij} > 100$ 表示迁出地 i 选择迁入地 j 的趋势强于全国平均水平；I_{ij} 越大说明 i 地区迁往 j 地区的趋势越强，或者说 j 地区对 i 地区的吸引力越强；反之亦然。

$$I_{i.} = \frac{M_{i.}}{(P_i/P_t) \sum\limits_{i} M_{i.}} K$$

$$I_{.j} = \frac{M_{.j}}{(P_j/P_t) \sum\limits_{j} M_{.j}} K$$

$I_{i.}$：i 地区的综合迁出选择指数；$I_{.j}$：j 地区的综合迁入选择指数；$M_{i.}$：i 地区迁向所有地区的总人口数；$M_{.j}$：所有地区迁入 j 地区的总人口数。

根据以上方法计算我国各省份的综合迁移指数，结果如表2-14所示。

---

① Shryock, Henry S., Jacob S. Siegel., *The Methods and Materials of Demography New York*, Academic Press, 1976：394-395.

表 2－14　全国各地区综合迁移指数

区　域	地　区	综合迁出 选择指数	综合迁入 选择指数
东　部	北　京	50	473
	天　津	40	280
	河　北	68	31
	辽　宁	38	65
	上　海	42	516
	江　苏	58	151
	浙　江	60	373
	福　建	73	161
	山　东	51	34
	广　东	37	322
	广　西	149	31
	海　南	66	94
中　部	山　西	54	34
	吉　林	75	30
	黑龙江	93	20
	内蒙古	64	81
	安　徽	225	33
	江　西	189	38
	河　南	140	11
	湖　北	161	36
	湖　南	169	25
西　部	重　庆	155	62
	四　川	150	32
	贵　州	187	41
	云　南	57	33
	西　藏	50	74
	陕　西	87	48
	甘　肃	99	25
	青　海	65	79
	宁　夏	58	92
	新　疆	32	93

根据综合迁移选择指数的大小，将迁移中心分三个等级：

强势迁移中心：综合迁入选择指数大于300；

次级迁移中心：综合迁入选择指数介于100到300之间。

通过这种分类方法，可以以综合迁移选择指数大小为判断标准，将我国人口迁移中心分为强势迁移中心和次级迁移中心，结果如表2－15所示，上海、北京、浙江和广东是我国新的强势人口迁移中心，天津、福建和江苏是次级迁移中心。

表2－15 2000年以后我国的迁移中心

	强势迁移中心	次级迁移中心
地 区	上 海 北 京 浙 江 广 东	天 津 福 建 江 苏

二 人口迁移中心的变动

"五普"时期，我国人口迁移中心包括北京、广东、上海、新疆、浙江、天津和福建（王桂新等，2003）。[①] 21世纪以后，人口迁移中心地区的位次发生了改变，上海、北京、浙江、广东、天津、福建和江苏成为新一轮人口迁移中心。其中，上海、浙江、天津和福建对人口的吸引作用有所提升，江苏省成为新的迁移中心。而北京、浙江和广东对人口的吸引作用有所下降，新疆对迁移人口的吸引力下降幅度最大，在"六普"时期新疆已经失去了其迁

① 王桂新、刘建波：《1990年代后期我国省际人口迁移区域模式研究》，《市场与人口分析》2003年第4期。

移中心的地位，不再是我国的人口迁移中心，如表 2 - 16 所示。

表 2 - 16　"五普"、"六普"时期省际人口迁移中心变化

	"五普"	"六普"
吸引中心	北　京	上　海
	广　东	北　京
	上　海	浙　江
	新　疆	广　东
	浙　江	天　津
	天　津	福　建
	福　建	江　苏

资料来源："五普"数据结果来源于王桂新、刘建波：《1990 年代后期我国省际人口迁移区域模式研究》，《市场与人口分析》，2003（4）：1 - 10。"六普"结果来自于表 2 - 15。

三　迁移中心所吸引地区分布的变动

上海、北京、浙江、广东、天津、福建仍旧是我国省际人口迁移的中心地区，只是位次发生了变动。各迁移中心所吸引的地区主要包括：东部的河北、山东、广西和江苏，中部的安徽、河南、湖北、江西、黑龙江，西部地区的四川、贵州和重庆。如表 2 - 17 所示。

从"五普"和"六普"两段时期各人口迁移中心吸引地区构成的变化看，上海的变化最大。"六普"时期，上海不但跃升为我国第一大迁移中心，而且迁移人口的地区分布变动也十分明显。"六普"时期上海的迁移人口中，河南和湖北迁入上海的人口数大幅上升，成为上海新的主要省际迁移人口来源地，而江西和浙江迁入上海的人口数有所下降。其中，江西的迁移人口在"六普"时期的迁移流向不再以上海为主，而主要迁入浙江和福建；"六普"时期，浙江的迁出人口迁入上海的人数变化

不大，但由于其他地区迁入上海的人口数大幅上升，所以，浙江的迁移人口在上海全部迁移人口中的比重呈下降趋势。

其他迁移中心所吸引地区分布的变动不大。天津迁移人口的地区来源构成没有发生改变；在北京所吸引迁移人口的地区结构分布中，黑龙江取代了四川成为北京主要的被吸引地区；浙江所吸引迁移人口的地区来源中，来自河南的迁移人口大量增加，河南取代了湖北；广东的迁入人口也主要来自河南，河南取代了江西；福建吸引的人口主要来自贵州，而由安徽迁入福建的人口大量减少，安徽的迁移人口在"六普"时期更倾向于迁入长三角经济圈。

表 2-17　"五普"和"六普"时期我国人口迁移中心迁移人口来源地状况

人口迁移中心	迁移中心吸引的地区					
	东　部		中　部		西　部	
	"五普"	"六普"	"五普"	"六普"	"五普"	"六普"
上　海	江苏② 浙江③	江苏（2）	安徽① 江西⑤	安徽（1） 河南（3） 湖北（5）	四川④	四川（4）
北　京	河北① 山东④	河北（1） 山东（3）	河南② 安徽③	河南（2） 安徽（4） 黑龙江（5）	四川⑤	
浙　江			江西① 安徽② 湖北⑤	安徽（1） 江西（3） 河南（4）	四川③ 贵州④	贵州（2） 四川（5）
广　东	广西③	广西（2）	湖南① 江西④ 湖北⑤	湖南（1） 湖北（3） 河南（5）	四川②	四川（4）
天　津	河北① 山东②	河北（1） 山东（2）	河南③ 黑龙江④ 安徽⑤	河南（3） 黑龙江（4） 安徽（5）		

人口迁移中心	迁移中心吸引的地区					
	东 部		中 部		西 部	
	"五普"	"六普"	"五普"	"六普"	"五普"	"六普"
福 建			江西① 安徽③ 湖北④	江西（1） 湖北（4）	四川② 重庆⑤	四川（2） 贵州（3） 重庆（5）
江 苏	浙江③	山东（4）	安徽① 河南④ 湖北⑤	安徽（1） 河南（2） 湖北（5）	四川②	四川（3）
新 疆		山东（5）	河南②	河南（2）	四川① 甘肃③ 陕西④ 重庆⑤	甘肃（1） 四川（3） 陕西（4）

资料来源：《中国2010年人口普查资料》，中国统计出版社。"○"内数字表示"五普"时期我国各个人口迁入中心人口来源地排名名次；"（ ）"内数字表示"六普"时期我国各个吸引地区的迁移人口来源地排名名次。

另外，比较"五普"和"六普"两段时期人口迁出地迁出人口的排名，安徽和河南成为"六普"时期我国人口迁出规模最大的地区，且迁出人口数量上升幅度也最大。其中，安徽的迁移人口主要流入长三角地区，"六普"时期，安徽迁入长三角地区的人口数占全部迁出人口的75.78%；河南的迁出人口主要流入广东，其次为浙江和江苏两省。此外，河北和山东在"六普"时期人口迁出规模也迅速扩大，已经在人口迁出规模排名中跻身前十，而江苏和重庆的迁出人口数大幅下降，"六普"时期，已被挤出前十，具体排名情况见表2-18。

表 2–18　"五普"和"六普"时期我国省际人口迁出规模排名

单位：万人

"五普"			"六普"		
名次	地　区	人口迁出规模	名次	地　区	人口迁出规模
1	四　川	440	1	安　徽	553
2	湖　南	326	2	河　南	543
3	安　徽	289	3	四　川	499
4	江　西	268	4	湖　南	459
5	河　南	231	5	湖　北	380
6	湖　北	221	6	江　西	348
7	广　西	184	7	广　西	282
8	江　苏	124	8	贵　州	268
9	贵　州	123	9	河　北	202
10	重　庆	110	10	山　东	201

资料来源：根据《中国 2000 年人口普查资料》及《中国 2010 年人口普查资料》整理，中国统计出版社。

根据表 2–18 找出我国"六普"时期的主要人口迁出地，分析各主要人口迁出地人口的迁移流向，结果如表 2–19 所示。

总的来说，广东是我国主要人口迁出地迁移的首选目的地；除了广东之外，浙江也是主要的人口迁移目的地。"六普"时期，浙江已成为仅次于广东的迁移人口的选择。如河南、四川、湖南、湖北是我国较大的人口迁出中心，这些地区的迁出人口均把广东和浙江作为主要迁移目的地。此外，迁入上海的人口数虽然不及广东和浙江多，但上海对人口的吸引作用呈明显增强的趋势，"五普"时期，除安徽之外，其他主要人口迁出地均不把上海作为迁移目的地，而在"六普"时期，上海已经是几大人口迁出中心主要迁移目的地之一。

表 2-19 "五普"和"六普"时期主要人口迁出地区迁移流向分布

		迁移中心	
	名次	"五普"	"六普"
安 徽	1	江 苏	江 苏
	2	上 海	浙 江
	3	广 东	上 海
	4	浙 江	广 东
	5	北 京	北 京
河 南	1	广 东	广 东
	2	新 疆	浙 江
	3	北 京	江 苏
	4	浙 江	北 京
	5	江 苏	上 海
四 川	1	广 东	广 东
	2	浙 江	浙 江
	3	新 疆	福 建
	4	福 建	江 苏
	5	云 南	上 海
湖 南	1	广 东	广 东
	2	浙 江	浙 江
	3	广 西	上 海
	4	湖 北	江 苏
	5	云 南	福 建
湖 北	1	广 东	广 东
	2	浙 江	浙 江
	3	福 建	江 苏
	4	北 京	上 海
	5	江 苏	福 建

资料来源：根据《中国 2000 年人口普查资料》及《中国 2010 年人口普查资料》整理，中国统计出版社。

四 迁移中心与被吸引地区的空间距离差距

由于 C. Cindy Fan（2005）曾经通过模型证明人口迁移地区

差异的效果会随着地域空间距离的长短的差异而发生变动。① 而且，国内外也有很多学者证实了人口迁移和空间距离之间存在明显的关联关系。对于中国来说，铁路是迁移人口发生迁移时乘坐的最主要的交通工具之一。迁移人口在跨省际迁移时，主要以省会城市为迁移核心地区，并且沿着这个核心聚集区向相邻的周边经济圈扩散。因此，这里就以我国各省省会的站间铁路里程代表各省省会城市之间的地理距离。

下面以我国各人口迁移中心和所吸引地区为研究对象，研究各地区迁移人口的空间距离特征，见表 2-20。

表 2-20 迁移中心和被吸引地区的距离

单位：公里

迁移中心	上海	距离	北京	距离	浙江	距离	广东	距离	天津	距离
迁出地	安徽	615	河北	277	安徽	451	湖南	706	河北	419
	江苏	303	河南	689	贵州	1852	广西	1334	山东	360
	河南	998	山东	497	江西	636	湖北	1064	河南	831
	四川	2351	安徽	1074	河南	1124	四川	2527	黑龙江	1354
	湖北	1230	黑龙江	1288	四川	2552	河南	1600	安徽	973

吸引地区	安徽	距离	河南	距离	四川	距离	湖南	距离	湖北	距离
迁入地	江苏	312	广东	1600	广东	2527	广东	706	广东	1064
	浙江	451	浙江	1124	浙江	1602	浙江	998	浙江	1029
	上海	615	江苏	695	福建	2805	上海	1199	江苏	1231
	广东	1826	北京	689	江苏	2048	江苏	1200	上海	1230
	北京	1074	上海	998	上海	2351	福建	984	福建	1013

资料来源：《中国 2010 年人口普查资料》，中国统计出版社；《全国铁路主要站间货运里程表》。

---

① C. Cindy Fan, "Modeling Interprovincial Migration in China," *1985 - 2000 Eurasian Geography and Economics*, 2005, 46 (3)：165 - 184.

一方面，吸引人口最多的地区均是空间距离较近，与各个吸引中心毗邻的省份。此外，比较各个吸引中心所吸引地区的距离，发现北京和天津吸引人口的空间距离最近，主要来自周边的河南、河北和山东，上海、浙江所吸引人口的地区空间距离相对较远，而广东吸引的人口除了湖南是毗邻省份外，其他均是距广东距离较远的地区。因此，总的来说，环渤海经济圈的人口迁移主要是区域内部空间距离较近、各省之间的人口迁移，而长三角和珠三角对人口的吸引辐射作用较强，迁移人口多是来自于距离较远的省份。

另一方面，我国几大人口迁移中心所吸引地区的迁移人口主要是向空间距离较远的地区迁移，迁移的目的地集中在我国的主要迁移中心区域，如迁移人口多选择向广东、浙江、上海、江苏、北京和福建迁移。被吸引地区除了安徽迁移人口主要选择毗邻的江苏、浙江和上海之外，四川、河南、湖北和湖南的人口迁移均为空间距离较远的省份，这些地区的迁移人口主要流向广东和浙江两省。

第三章

人口迁移和区域经济发展的相互影响分析

人口迁移与区域经济发展之间存在着复杂的联系。人口迁移不仅会对迁入地和迁出地的经济产生巨大的影响，各地区经济发展水平的差距更是影响人口迁移的主导因素。Lowry（1966）[1]，Greenwood（1969）[2]，Kau 和 Sirmans（1979）[3]，Fotheringham 和 O'Kelly（1989）[4] 先后证明人口迁移和各地区的经济发展之间的关系是相互的，而绝非单边关系。

关于人口迁移对区域经济发展的影响一直是热点话题。争

① Lowry, I. S. Migration and Metropolitan Growth: Two Analytic Methods, San Francisco, CA: Chandler, 1966.

② Greenwood, Michael J., "An Analysis of the Determinants of Geographic Labor Mobility in the United States," *Review of Economics and Statistics*, 1969, 51: 189–194.

③ Kau, J. B. and C. F. Sirmans., "A Recursive Model of the Spatial Allocation of Migrants," *Journal of Regional Science*, 1979, 19: 47–56.

④ Fotheringham, A. Stewart and Morton E. O'Kelly, Spatial Interaction Models: Formulations and Applications, Dordrecht, Netherlands: Kluwer Academic Publishers, 1989.

论的焦点是人口迁移对区域经济发展是否有利。我国绝大多数学者均认为人口迁移对缩小区域经济发展差距能够起到积极的作用。翟锦云（1994）[①] 和王桂新（2005）[②] 认为人口迁入会提高迁入地劳动力供给水平，为区域经济发展提供充足的劳动力。因此，人口迁入能够为迁入地的经济增长做出积极贡献；而孙峰华（2006）[③] 从人口迁出角度考虑对迁出地的影响，他认为人口迁出有助于缓解迁出地土地和就业压力，而且，迁出人口的收入回流效应也能够为迁出地地区的经济建设和资本积累提供资金；王德（2003）[④]、段中平（2005）[⑤] 和袁晓玲（2009）[⑥] 从更为宏观的角度考虑，他们均认为人口迁移有助于缩小地区经济差距，从而能够缓解我国区域经济发展差距较大的矛盾，促进经济整体的良性增长。姚枝仲等（2003）衡量了三大生产要素对缩小地区经济差距所做的贡献，证明在三大生产要素中，只有劳动力的流动对缩小地区差距起着决定性的作用，但是由于目前我国劳动力流动在一定程度上还受制于制度的限制，若

---

① 翟锦云、马建：《我国广东省人口迁移问题探讨》，《人口研究》1994 年第 2 期。

② 王桂新、黄颖珏：《中国省际人口迁移与东部地带的经济发展：1995～2000》，《人口研究》2005 年第 1 期。

③ 孙峰华、李世泰、杨爱荣、黄丽萍：《2005 年中国流动人口分布的空间格局及其对区域经济发展的影响》，《经济地理》2006 年第 6 期。

④ 王德、朱玮、叶晖：《1985～2000 年我国人口迁移对区域经济差异的均衡作用研究》，《人口与经济》2003 年第 6 期。

⑤ 段平忠、刘传江：《人口流动对经济增长地区差距的影响》，《中国软科学》2005 年第 12 期。

⑥ 袁晓玲、张宝山、胡得佳：《人口迁移对区域经济增长地区差异的影响分析——以陕西省为例》，《华东经济管理》2009 年第 9 期。

能够完全放开迁移限制，人口迁移将会为缩小地区经济差距做出巨大贡献。[①] 但是，人口迁移并非一定会促进经济的发展。Arija 等（2002）认为只有在人口迁入地存在大量的就业机会时，人口迁入才能够对迁入地经济产生积极的影响，对那些没有就业机会或就业已经达到饱和的城市，人口继续迁入将会增加城市的负担，阻碍地区经济发展。[②] 除此之外，也有学者认为人口迁移也会对经济产生一系列负面的影响。如蔡昉[③]、张文新等[④]从人口迁移对迁出地人力资本供给影响的角度分析，认为人口迁出会导致劳动力和高素质人才的流失，这将不利于迁出地农业的发展。张胜康（1995）也支持他们的观点，认为农村劳动力的流出可能会使农业劳动力出现短缺，加重农村老龄化程度，提升老龄化的发展速度；而且，城市外来人口的大量流入会给城市住房、交通、环境、能源等方面带来巨大的压力[⑤]。事实上，人口迁出也会给迁出地带来一系列社会问题，如留守儿童、留守老人、留守妻子等问题，不利于社会的稳定。总的来说，人口迁移与经济发展的关系是复杂的、不确定的。为了了

---

① 姚枝仲、周素芳：《劳动力流动与地区差距》，《世界经济》2003 年第 4 期。

② Arjan De Haan, "Ben Rogaly. Labor Mobility and Rural Society," *The Journal of Development Studies*, 2002, 38（6）.

③ 蔡昉：《人口迁移和流动的成因、趋势与政策》，《中国人口科学》1995 年第 6 期。

④ 张文新、朱良：《近十年来中国人口迁移研究及其评价》，《人文地理》2004 年第 2 期。

⑤ 张胜康：《论城市外来人口及其对城市的影响》，《现代城市研究》1995 年第 2 期。

解人口迁移对区域经济发展构成哪些影响，或者是区域经济发展会对人口迁移起到什么作用，下面将借鉴已有的研究成果、研究方法，利用最新的人口迁移数据，深入分析人口迁移与区域经济发展之间的相互关系。

第一节　我国区域经济发展的态势分析

人口迁移与区域经济发展的关系越来越紧密，这一结论已经得到了许多学者的证实，人口的迁移流动会对区域经济产生复杂的影响，同样，地区经济发展差距又会促使人口的迁移流动（马侠，1994；王桂新，1996；敖荣军，2005；姚如林，2006）。正是由于区域经济发展差距与人口迁移之间存在密不可分的因果关系，因此，在研究人口迁移的同时也要从整体和局部各个角度充分了解区域经济的发展状况，只有这样才能把握人口迁移的原因、特点、现状及未来发展趋势，为研究人口迁移和区域经济发展之间的关系做铺垫。

一　区域经济发展政策

20 世纪 70 年代之后，中国开始实施不平衡的经济发展策略，强调地区比较利益，鼓励外国投资，建立密切的国际经济往来关系。[①] 中央政府的政策开始向东部沿海地带倾斜，在经济

---

① Dali Yang. , "Patterns of China's Regional Development Strategy," *China Quarterly*, 1990, (122) Jun: 231 – 257.

逐渐走向对外开放的背景下，东部沿海地区相对于内地来说，具有更为便利的交通优势和产业的空间集聚优势，便于与世界其他国家建立经贸合作关系。鉴于东部地区在我国各方面的比较优势较为突出，加上国家政策的指引，根据新经济地理学的理论原理，在规模报酬递增规律的影响下，我国东部沿海地区必将率先成为劳动力和产业空间集聚的核心地区，形成吸引各项经济活动集中的向心力，逐渐拉大与中部和西部地区的经济发展差距。

（一）东部率先发展

我国东部地区率先发展起来离不开国家政策的导向作用，同时也离不开东部地区本身所具有的优势。

首先，由于改革开放，我国东部地区得到了发展的先机，大规模的投资、建设项目和优惠政策等均向东部地区倾斜，为东部地区营造了一个良好的经济发展环境。到目前为止，我国东部地区已经成立了五个经济特区、四个主要沿海经济开放区。1980 年国家设立的深圳、珠海、厦门、汕头四个经济特区，使福建和广东成为全国最早实行对外开放的省份之一，我国开始进入一个地区发展政策差别化的时代；1985 年，我国又相继在珠三角、长三角、闽东南和环渤海地区建立经济开放区；1988 年成立了第五个经济特区——海南经济特区；2013 年我国又设立了第一个自由贸易区——上海自由贸易区。这种始于改革开放的、差别化的地区发展政策，最终目的就是在局部地区进行对外开放和实施市场经济试验，取得成功后再继续推广，按照从"点"到"线"再到"面"的发展途径。最初，这种发展模式会形成"回波效应"①，扩大我国各区域的经济发展差距，但是，随着东部沿海地区发展优势不断积累，"扩散效应"② 所发挥的作用将越来越重要，最终成为主导力量，东部地区将发挥领先带动作用，引导并辅助中部和西部地区经济的发展，缩小地区经济发展差距。

其次，我国东部地区地理位置优越，毗邻港澳台，港口设施健全、交通便利，投资环境良好，有利于吸引外资。加上政策的倾斜，使得资金、技术等优质要素均向东部地区集中，形成了累积效应，进一步加速了东部地区的经济发展。但同时也拉大了东、中、西部地区的经济发展差距。

（二）西部大开发

在改革开放政策的推动下，东部地区经济飞速发展，而西部地区由于地处偏远、交通不便，经济发展比较缓慢，而且，在东部地区经济活动加速集聚的过程中，国内外各项资金、技术均向东部沿海地区集中，所以，西部地区经济发展越来越落后，人民生活十分贫困。为了缩小沿海和内地的贫富差距，充分利用西部地区丰富的自然资源，1999 年，在十五届四中全会上，江泽民总书记正式提出"西部大开发"的战略。从十几年的开发成果看，西部地区的建设、环境的改善、经济结构的调

---

① 回波效应：是指经济活动聚集并快速发展的地区会吸收其他地区的劳动力、资本等要素资源的流入，加快本地区的发展，引起周边地区经济发展速度降低，从而加大了地区间的经济发展差距。

② 扩散效应：是指位于经济扩张中心的周围地区，会随着经济扩张中心基础设施等条件的改善，从中心地区获得资本、人才等，从而刺激本地区经济发展并逐渐赶上中心地区。

整和人民生活水平的提高等各方面均取得了显著的成效。但是,目前,西部地区的产业结构和就业结构仍较落后。因此,针对西部地区存在的问题,"十一五"制定了一系列发展政策,政策提出:首先,要把发展重点放在提高农业技术水平和推进农业产业化经营上,继续实施"星火计划",目标是使科技对农业生产的贡献能够上升到 50% 左右;其次,还要提高西部地区人民尤其是农民的生活水平,缩小地区收入水平差距。在西部地区开发建设的过程中,西部地区十分重视人才,不但加大力度引入人才,还积极积累并开发人才,培养人才队伍,对有突出贡献的人才给予奖励,积极吸引并留住人才;此外,西部地区还实施了一系列人才开发工程,如"西部地区管理人才创新培训工程""海外留学人员归国创业工程""高层次专业人才援西工程""大学生志愿服务西部计划",等等。西部大开发建设十几年来经济增速、人民生活水平、基础设施水平、社会事业的发展、产业结构调整和优势产业的发展,以及生态环境的治理与改善等均取得了显著的成就,西部地区正加快脚步发展经济。

(三) 东北老工业基地振兴

由于我国实施的是非均衡发展战略,这种经济发展模式不但加大了区域经济发展差距,也改变了国民经济的格局。非均衡的发展模式若长期得不到遏制,将极有可能使区域经济发展问题转变为政治问题,不利于国家的和谐与稳定。因此,十六届三中全会《决定》提出"五个统筹",这使得我国的区域经济发展战略又步入一个新的发展阶段。

为了协调各区域经济的发展,2003 年 10 月,在中共中央、国务院下发的《关于实施东北地区等老工业基地振兴战略的若干意见》中，将重振东北老工业基地正式提上日程。为了振兴东北，国家提出一系列优惠政策，国务院还成立了东北地区等老工业基地调整改造领导小组办公室，专门负责东北地区的开发与建设工作。而且还为东北振兴设立了专项基金，提供资金支持，促进经济体制改革，增强经济发展活力。除了资金的支持外，为了适应产业结构调整、加速东北地区的经济转型，东北三省均在人力资源积累、人才引进方面做出了巨大的努力，并且取得了一定的成绩。2008年辽宁省制定了人才整体开发的规划性意见，以高端人才引进牵动辽宁沿海经济带开发开放，并依托省内高校和职业教育基地培养技能型人才；吉林省在保障老工业基地振兴的人才供给工作方面也做出了巨大努力，引导鼓励人才向基层、向经济建设第一线流动，以多种方式引进高层次创新、创业型人才，集中培养急需型人才，如选拔2万名农村青年到大学接受大专教育；黑龙江省为了引进人才，创立了健全的制度体系，包括促进人才投资优先保证的财税金融政策、产学研合作培养创新人才政策、引导人才向农村基层和艰苦边远地区流动等政策在内的共10项重大人才政策，还为人才的引进制订了周密的计划，如加大科技领军人才的培育和引进力度，实施科技创新团队、科技创业团队、科技经纪人团队三个计划。

（四）中部崛起

中部地区是我国能源、原材料的供给基地，工业基础雄厚，同时还是我国重要的农业主产区。作为我国承东启西的枢纽地带，东西部地区的经济联动离不开中部地区的承接。因此，需要构建一个东、中、西部地区互动发展和经济优势相互补充的区域经济发展联动机制，平衡地区经济发展。所以，继东部地区率先发展、西部大开发、东北老工业基地振兴之后，"中部崛起"战略的提出将有助于我国各区域经济一体化早日实现。

2006 年中共中央政治局开始讨论中部崛起问题，出台了《中共中央国务院关于促进中部崛起的若干意见》，并于 2009 年国务院会议正式出台《促进中部崛起规划》。各项政策主要内容可以归纳为：一是鼓励东部沿海地区的企业向中部地区转移或加强同中部地区的经济的联系，深化区域分工与协作，充分发挥东部对中部崛起的支持作用；二是将农业发展的重点放在提高农业生产效率和农民生活水平上。鼓励农业剩余劳动力向沿海地区、城镇，以及第二、三产业转移；三是支持工业发展，尤其是对现代装备制造业的税收、资金供给、研发投入等方面给予政策支持；四是完善中部地区的交通运输体系，提高铁路、公路、航运、水道、管道的运载能力，加强中部地区南北、东西的连通。中部崛起战略提出后，中部地区的经济总量、产业结构升级、消费能力和消费市场的开发、固定资产投资、社会事业的发展等领域取得了显著的进步。但由于中部崛起战略才刚刚提出不久，在发展过程中还存在很多不足和有待改善之处，所以，还需要进一步加强中部地区的产业结构调整、促进技术进步、改善基础设施条件、提高经济的外向度。

二 区域经济发展的总体概况

目前，我国沿海地带传统产业发展已经趋于饱和，亟待开发新的市场、降低发展成本，为产业向更高层级演进提供发展空间；西部地区的开发与开放也迫在眉睫，随着西部大开发战略规划的出台与实施，东西部地区的经济发展差距将逐渐减小、经济联动机制将进一步增强。

（一）经济总量

通过观察我国各区域经济总量在全国所占比重，来衡量各区域经济地位的变化，见表 3-1。从各区域经济规模和经济环比增速看，我国东部地区经济规模最大，经济总量占全国经济总量一半以上，但是，近些年，我国东部地区的经济增长速度有所下降，国民生产总值在国民经济中所处的地位也有所降低，2011 年 GDP 比重与 2007 年相比，下降了 2.59 个百分点，经济增长下降了 1.99 个百分点；而中部地区和西部地区的经济规模在整个国民经济中所占比重均出现明显的提升，其中，西部

表 3-1 我国东、中、西部地区经济规模和经济增长情况

单位：%

		2007 年	2008 年	2009 年	2010 年	2011 年
东部地区	GDP 比重	61.14	60.34	60.13	59.50	58.55
	环比增长	19.39	17.59	9.22	18.40	17.40
中部地区	GDP 比重	25.66	26.18	26.33	26.73	27.23
	环比增长	21.85	21.58	10.20	21.45	21.54
西部地区	GDP 比重	13.20	13.48	13.54	13.77	14.22
	环比增长	20.49	21.64	10.11	21.61	23.25

资料来源：《中国统计年鉴 2011》《中国统计年鉴 2012》。

地区经济环比增长率最高、提升幅度最大，2007 年西部地区 GDP 环比增长 20.49%，稍落后于中部地区的 21.85%，但是，到 2011 年，西部地区 GDP 环比增速已经上升到 23.25%，成为我国三大区域中经济增长速度最快的区域。

（二）产业结构

一个地区的产业结构特征除了与地区资源禀赋有关外，还与历史上国家实施的地区经济发展政策有密切关系。新中国成立以后，国家区域经济发展政策的布局和时间顺序的差别导致我国不同地区的产业结构特征和所处的产业结构层级差异较大。例如，在"三线"建设规划中，国家将重点发展的资源类工业放在中部和西部地区，为中西部地区建立了良好的工业基础，使这两个区域成为我国重要的重工业基地；东部沿海地区发展轻纺工业，率先成为我国轻工业基地。80年代后，东部沿海地区又进一步向高附加值、高回报率的一系列耐用消费品的生产与加工领域拓展。这说明产业结构的类型在很大程度上决定了区域经济的发展能力，[①] 体现了地区经济的发展实力。

从我国东、中、西三大区域的产业结构看，我国东部沿海第二产业比重有所下降，而第三产业比重不断上升，服务业在东部地区经济中的主导地位不断上升，见表 3-2，东部地区已经成为目前我国产业结构层级最高的区域。东部地区海上运输

---

① 朱春明：《我国区域经济增长中的"马太效应"未来与发展》1990 年第 5 期。

表 3 - 2　我国东中西部地区三次产业构成

单位：%

	第一产业			第二产业			第三产业		
	2009 年	2010 年	2011 年	2009 年	2010 年	2011 年	2009 年	2010 年	2011 年
东部地区	7.2	6.9	6.8	49.3	49.6	49.3	43.5	43.5	43.9
中部地区	13.2	12.6	12.1	50.2	52.4	53.5	36.6	35.0	34.4
西部地区	13.8	13.2	12.7	47.1	49.6	50.3	39.2	37.3	37.0

资料来源：《中国统计年鉴 2010》《中国统计年鉴 2011》《中国统计年鉴 2012》，中华人民共和国国家统计局编，中国统计出版社。

条件便利，加上基础设施健全、人力资源丰富，能够为国际化的生产、贸易与投资活动提供服务平台，这些都是适宜制造业和服务业发展的优势条件。中部地区农业基础较好，自然资源较丰富，是我国农业和重化工业的基地，产业结构中第二产业占比较高，并且呈上升趋势，已经超过地区生产总值的一半以上，产业结构层级有所提高。西部地区的第二产业比重不断提升，第一产业比重不断下降，产业结构不断优化。近些年，西部地区同我国其他区域的经济联系日益紧密，凭借丰富的自然资源优势和东部地区经济发展对生产要素资源的需求，如"西气东输、西电东送"工程解决了东部地区能源紧缺和价格高昂的瓶颈，可见，加强中西部地区的经济合作将实现双赢，对整个宏观经济的发展是十分有利的。

从人口就业结构看，我国目前第一产业的从业人员占比仍为最高，但出现大规模向其他产业转移的现象；第二产业从业人员比重虽然不高，但整体发展趋势呈上升态势；第三产业就业比重不断上升，已经超过第二产业。我国人口就业结构正不断向更高层级演进。从各区域人口的就业结构看，东部地区就业结构层级最高，并且优化趋势明显，第二产业和第三产业就业人口比重呈上升趋势，而第一产业就业人口比重呈明显下降趋势；中部和西部地区第一产业就业比重均偏高，有一半以上的人口从事第一产业，虽然，这两个区域人口的就业结构较为落后，但均出现优化态势，劳动力产业间转移的规模和速度不断提升，三次产业中，就业比重上升最为明显的就是第三产业。（见表3－3）

表3－3　我国人口的就业结构

单位：%

	第一产业		第二产业		第三产业	
	2000 年	2010 年	2000 年	2010 年	2000 年	2010 年
东部地区	48.5	36.6	22.5	32.5	29.0	31.0
中部地区	70.6	55.8	11.8	18.9	17.6	25.3
西部地区	75.9	62.1	9.2	14.5	14.9	23.4

资料来源：根据第五次人口普查数据、第六次人口普查数据中各地区按各行业门类分的从业人员数整理汇总得出。

最后，从对外开放程度看。虽然，外资不是引领区域经济增长的决定性因素，但外资对推动我国区域经济增长有显著的作用。[1] 有很多学者证明了外商投资是拉大我国东西部地区经济发展差距和收入差距的主要因素之一。[2] 正是由于我国东部沿海地区交通便利，基础设施健全，投资环境良好，各项政策

---

[1] 花俊、顾朝林、庄林德：《外资对我国区域经济增长的影响》，《经济地理》2001 年第 6 期。

[2] Sun H., "Direct Foreign Investment and Linkage Effects: the Experience of China," *Asian Economics*, 1996, 25 (1): 5－28.

较为开放。所以，外资企业率先选择进入我国东部沿海地区。从表3-4可以看出，2011年我国东部沿海地区企业数占全国的81.4%，投资额占比也达到83.3%，而中西部地区的企业数和投资额比重则处于较低水平。由于外资企业大多数是以投资的方式在我国设立企业或工厂，这不但可以为该地区经济增收，而且也创造了更多的就业岗位，所以，吸引外资进驻将在很大程度上提高地区经济活力，促进经济、产业和人口的集中。经济的开放与发展提升了地区居民的收入水平，逐渐拉大了各区域间居民的收入差距，强化了国民经济二元化程度，促使经济落后、收入水平较低的地区居民向收入水平更高、就业机会更多的地区迁移。

表3-4 我国各区域利用外资情况

单位：%

	企业数		投资总额	
	2010年	2011年	2010年	2011年
东部地区	80.4	81.4	83.7	83.3
中部地区	12.1	11.8	10.6	10.9
西部地区	7.5	6.8	5.7	5.9

资料来源：《中国统计年鉴2012》。

另外，对外贸易指标能够反映一个地区经济的对外开放程度。从表3-5可以看出，几乎所有的贸易活动均发生在东部沿海地区，东部沿海地区的贸易总额占全国贸易额的份额达90%左右，而中部和西部地区的对外贸易总额占比则非常少。但是，通过横向观察发现，东部地区的贸易总额占比虽然最高，但呈缓慢下降的趋势，而中西部地区的贸易份额占比则呈上升趋势。这可能与近些年我国东部地区的经营成本不断上升，一些企业纷纷转战中西部地区存在很大的关系。

表 3 - 5 经营单位所在区域贸易规模情况

单位：%

	2009 年			2010 年			2011 年		
	总额			总额			总额		
		进口	出口		进口	出口		进口	出口
东部地区	92.5	91.6	93.5	90.9	90.7	91.2	89.5	88.9	90.1
中部地区	4.8	5.4	4.2	5.6	5.5	5.8	6.5	6.3	6.6
西部地区	2.6	3.0	2.2	3.4	3.7	3.1	4.1	4.8	3.3

资料来源：《中国统计年鉴 2010》《中国统计年鉴 2011》《中国统计年鉴 2012》。

三 区域经济发展差距变动趋势

Theil 系数是用来分析区域经济发展差距的一项指标，该指标可以用来分析区域间和区域内的经济发展差距。Theil 系数在 0 ~ 1 之间变化，该系数越小表明区域差异越小。[①] 表 3 - 6 是我国东、中、西部地区的 Theil 系数，通过表 3 - 6 能够得到反映区域经济发展差距变化的趋势情况，如图 3 - 1 所示。

总的来说，我国各区域经济发展差距的变化特征是：经济发展差距整体呈缩小态势，局部地区的差距有所扩大。其中，东部地区区域内部各省经济发展差距较大，但是，东、中、西区域内部各地区的经济发展差距在不断缩小，2002 年东部地区

---

① 章昌平、廉超、裴金平：《Theil 系数、基尼系数和县域差异的实证分析》，《统计与决策》2013 年第 3 期。

的 Theil 系数为 0.08，但到 2011 年下降到 0.04；中部区域内各省的经济发展差距虽然不大，但是，近些年呈缓慢扩大的趋势，2002 年中部地区的 Theil 系数为 0.01，到 2011 年上升至 0.02；西部地区 Theil 系数变化不大，说明近些年西部地区内部各省的经济发展差距基本没有发生变化。

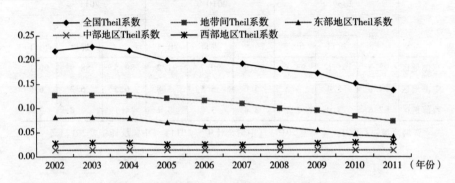

图 3 – 1 我国东、中、西部地区的 Theil 系数

资料来源：《中国统计年鉴 2012》。

表 3 – 6 我国东、中、西部地区的 Theil 系数

年　份	全　国	地带间	东部地区	中部地区	西部地区
2002	0.22	0.13	0.08	0.01	0.03
2003	0.23	0.13	0.08	0.01	0.03
2004	0.22	0.13	0.08	0.01	0.03
2005	0.20	0.12	0.07	0.01	0.03
2006	0.20	0.12	0.06	0.02	0.02
2007	0.19	0.11	0.06	0.02	0.02
2008	0.18	0.10	0.06	0.02	0.03
2009	0.17	0.10	0.05	0.02	0.03
2010	0.15	0.08	0.05	0.02	0.03
2011	0.14	0.07	0.04	0.02	0.03

资料来源：同图 3 – 1。

四 区域经济发展差距与省际人口迁移的关系

影响人口迁移的原因有很多，在不同的时期和阶段，导致人口迁移的原因也不同。计划经济体制时期，人口迁移受制度和政策的影响极大，人口自由迁移受到严格的抑制。但是，计划经济体制改革之后，我国开始实施社会主义市场经济体制，在摸索并建设社会主义市场经济体制的道路上，为了发展并培育市场经济体制，我国放开了对人口迁移的限制，人们可以自由地迁移流动。由于各地区经济发展差异较大，尤其是东部沿海地区与中部和西部地区之间。人们在比较利益的驱使下，更愿意去经济发展水平和工资水平相对较高的地区发展。因此，从目前影响我国人口迁移最主要的因素来看，经济因素已经成为主导因素，在经济因素中区域经济发展水平和地区经济发展差距是最主要的两大原因（王桂新，1997）。

（一）区域经济发展对省际人口迁移的影响分析

由于区域经济发展水平和差距是主导人口迁移的主要因素，而衡量区域经济发展水平和发展差距的变量有很多。迁移人口的迁移决策不但受其所要迁移目的地地区经济发展水平的影响，而且，潜在迁移人口本身所处地区的经济发展水平及其与其他地区之间的差距，也在很大程度上影响着人们的迁移选择。人们从经济条件较落后的地区向经济条件较好的地区迁移是目前这种自由式人口迁移的主导模式。在比较区域经济发展水平和经济发展差距的过程中，除了较高的工资水平是人口迁移的主要原因之一之外，理想的就业机会也是主导因素之一（高国力等，1995）。①

1. 地区经济发展水平对人口迁入的影响

根据计量分析结果，人口迁入与迁入地经济发展水平之间存在密切的相关关系，而且，迁入地经济发展对人口迁入影响的弹性也较大。因此，较高的经济发展水平将对迁移人口产生巨大的吸引作用。从我国各地区的 GDP 水平、平均工资水平与人口迁入之间的关系来看（见图 3 - 2），各地区迁入人口数量与迁入地的 GDP 水平、平均工资水平三条曲线基本保持同步变动。但是，迁入地的 GDP 水平和平均工资水平相比，地区 GDP 水平与迁入人口规模的变动方向更为一致。这意味着地区经济总量和平均收入水平较高的地区会吸引更多的人口迁入，而经济较为发达的地区会对迁移人口产生更强的拉动作用。北京、天津、上海、江苏、浙江、福建、广东这些省份是我国东部沿海经济最为发达的地区，而且，"六普"时期还是我国的人口迁入中心，从图中也可以看出，这些省份的迁移人口规模最大；但是，从这些迁移中心的平均工资水平看，广东虽然为迁入人口规模最大的省份，但是其平均工资水平低于同期的北京、天津及长三角地区，仅相对高于河南、湖南、湖北和广西这些广东的迁移人口主要来源地。因此，对于工资水平相对较低、工资上涨幅度不大的广东来说，与近些年长三角经济发展越来越活跃形成了鲜明的对比，长三角地区相对来说有更多的发展机会，

---

① 高国力、季任军：《区域经济发展过程中的人口迁移研究》，《经济地理》1995 年第 2 期。

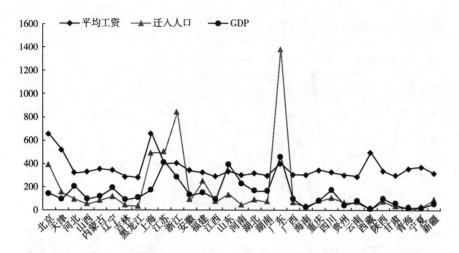

图 3 - 2　各省迁入人口与 GDP、平均工资水平的关系

说明：为了统一比较各省的平均工资水平、迁入人口数和 GDP 水平，分别调整各项指标的数量单位。平均工资水平单位为百元；迁入人口数的单位为万人；GDP 单位为百亿元。

资料来源：《中国统计年鉴 2011》《中国 2010 年人口普查》。

广东对人口的吸引作用正在不断减弱。

2. 地区经济发展水平对人口迁出的影响

从我国各省迁出人口与 GDP 水平、平均工资水平之间的关系可以看出（见图 3 - 3），各地区迁出人口与 GDP 变动步调不一致，与平均工资水平的变动方向相反。也就是说，人口迁出与地区经济发展水平的相关关系不大，但人口迁出与迁出地的工资水平相关关系较大。工资越低的地区，迁出人口越多。经济较落后的地区会对人口的迁出产生一个正向的推动作用。如北京、天津、上海、江苏、浙江、广东的平均工资水平相对较高，其所对应的人口迁出规模也较低。在长三角、珠三角这些我国主要人口迁入地区的周边，由于与中心地区的工资水平存在较大的差距，所以，迁移人口数量的波动幅度也较大，在人口迁出曲线上，安徽、江西、河南、湖北、湖南、四川均出现波峰，同时，其相应的工资

101

水平也处于其所在区域内的低谷阶段。

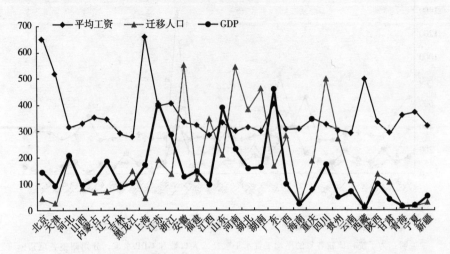

图3-3 各省迁出人口与GDP、平均工资水平的关系

说明：为了统一比较各省的平均工资水平、迁出人口数和GDP水平，分别调整各项指标的数量单位。平均工资水平单位为百元；迁出人口数的单位为万人；GDP单位为百亿元。

资料来源：《中国统计年鉴2011》《中国2010年人口普查》。

表3-7 各省人口迁移与GDP、平均工资水平的关系

	迁出（万人）	迁入（万人）	GDP（百亿）	平均工资（万元）
北　京	40.60	385.13	141.14	6.52
天　津	21.34	149.95	92.24	5.15
河　北	201.74	92.52	203.94	3.15
山　西	79.37	49.86	92.01	3.31
内蒙古	64.76	82.86	116.72	3.52
辽　宁	68.54	118.07	184.57	3.44
吉　林	85.39	34.54	86.68	2.90
黑龙江	146.32	32.29	103.69	2.77
上　海	40.10	493.36	171.66	6.61
江　苏	189.35	489.51	414.25	3.98
浙　江	133.94	840.65	277.22	4.06
安　徽	552.56	82.38	123.59	3.33
福　建	111.37	251.48	147.37	3.23
江　西	348.33	69.90	94.51	2.84
山　东	201.50	134.13	391.70	3.33
河　南	543.04	43.15	230.92	2.98
湖　北	380.42	84.58	159.68	3.18

续表

	迁出（万人）	迁入（万人）	GDP（百亿）	平均工资（万元）
湖 南	459.19	68.97	160.38	2.97
广 东	161.29	1388.99	460.13	4.04
广 西	282.05	60.00	95.70	3.07
海 南	23.59	33.88	20.65	3.08
重 庆	184.41	73.66	79.26	3.47
四 川	498.81	105.54	171.85	3.26
贵 州	268.08	59.24	46.02	3.04
云 南	108.91	63.22	72.24	2.92
西 藏	6.25	9.20	5.07	4.99
陕 西	134.75	73.48	101.23	3.34
甘 肃	104.69	26.03	41.21	2.91
青 海	15.00	18.27	13.50	3.61
宁 夏	15.07	23.92	16.90	3.72
新 疆	28.67	84.05	54.37	3.20

资料来源：同图 3-2。

（二）区域经济发展差距与人口迁移关系的预测

根据以上对我国区域经济总体情况、发展的政策，以及经济发展差距的概述，可以得出如下几个人口迁移与区域经济发展关系的预测：

1. 东部地区对人口的吸引力最强

从东部地区的经济规模、经济增长率、经济开放程度和产业结构在我国所处地位方面看，东部地区目前为我国发展水平最高、发展前景最佳的地区。由于在改革开放后，东部地区经济得到发展的先机，国家的各项政策、财政资金、资本、资源、原材料均朝着有利于东部地区经济建设和发展的方向流动，加上我国一直十分重视长三角、珠三角，尤其是京津冀经济圈的中心极化作用，利用地缘优势，提高对外开放水平，加大经济发展活力，吸引了大量的外国资本进驻东部沿海地区，使这些经济圈成为我国经济对外开放的先导力量。所以，在国家财政政策、产业政策、经济政策等各方面政策的持续推动下，未来东部沿海地区的产业集中度、经济集中度及人口集中度将进一步提高。对劳动力的需求潜力也将会得到提升，这将有助于东部地区进一步提高经济对人口的承载能力，从而吸引更多的人才迁入。

近年来，为应对全球气候变化，各个国家都在倡导发展节能减排，低碳经济也将成为未来世界经济的发展主流。为了实施资源节约型、环境友好型的可持续发展战略，我国倡导全民低碳生活、积极发展低碳产业。同时，东部地区正面临经济结构转型、发展方式转变的契机。基于东部地区具有开发、发展低碳经济的资金和技术实力，因此，国家倾向于鼓励东部地区发展高技术含量、高收益率、低污染、低消耗的产业，而限制那些技术含量较低、产品竞争能力较差的行业的发展，东部沿海发展低碳经济模式也已经上升到国家战略层面。在这种发展战略驱使下，具有一定专业能力、素质较高的劳动力的需求潜力将不断扩大，技能型人才将供不应求。因此，在结构调整的过程中，短期内东部地区劳动力需求与供给结构失衡的矛盾将进一步加剧。

2. 中部地区短期内仍为我国主要人口迁出地

我国中部地区农业基础较好、自然资源丰富。但由于中部地区的传统经济在国民经济中所占比重较高，产业结构僵化，国有企业占比较高，经济活力不强，在东、中、西三大区域中，经济呈塌陷的状态。加上国家出台促进中部地区经济发展的政策较晚，中部崛起战略议题也是继东部崛起、西部开发、东北老工业基地振兴之后才被正式提上议程。所以，虽然结构调整与区域产业互动战略已经逐步得到落实，但是，短期内中部地区的经济仍将远远落后于东部沿海地区。正是由于地区经济较为落后，区域经济发展差距较大，加上中部地区人口规模大，农业劳动力占比较高，劳动力资源丰富。所以，一直以来中部地区均是我国主要的人口迁出地区。而且，目前中部地区农业劳动力还有很大的释放潜力。同时，东部和西部地区经济的快速发展对劳动力的需求迅速扩大，就业机会增多。所以，西部地区的人口在比较利益的驱动下不断向东部和西部地区迁移。

3. 西部地区高素质人才需求旺盛

虽然，我国西部地区的经济发展仍较为落后。但是，随着西部大开发战略的实施以及西部建设规划的逐步落实，西部地区的经济正加速向前发展。近几年来，西部地区的经济发展速度远远超过我国其他区域，东部和西部地区的经济发展差距正在不断缩小。因此，在东部地区经济快速发展的带领下，充分发挥西部地区的产业优势，支撑东部地区的经济发展，西部地区的经济状况将越来越好。而人才对经济的发展来说是必不可少的，国家也已提出各项政策措施，鼓励人才向西部地区迁移，同时也支持西部地区人才的培养，提高对教育的重视。因此，未来人口迁移的方向将极可能由东部单一方向的迁移模式转变为东西部双向迁移。

第二节　人口迁移与地区经济发展的相关性

一　模型建立

通过研究现有文献，了解推动和制约人口迁移的因素，将人口迁出、人口迁入与相关的各区域经济、社会、自然方面的要素联系起来，建立人口迁出模型和人口迁入模型。

模型一：$EMG = f$（gdp，une，pop，stu，arg，wag）

模型二：$IMG = f$（gdp，wage，une，tra，stu，tem，com，inv）

EMG、IMG 分别表示人口迁出、人口迁入；gdp 代表人口迁移所在地区的经济发展水平，une 为失业率，pop 为迁出地的地区人口规模，stu 为学生人数，代表地区人口受教育水平，arg 代表耕地面积，wag 为工资水平；tra 表示经济开放程度，这里用进出口规模表示；tem 表示气候条件，这里用主要城市平均气温表示；com 表示企业数量；inv 表示地区总投资状况。

二　数据及方法说明

数据来源于《中国第六次人口普查资料》、《中国统计年鉴2011》和《中国劳动统计年鉴2011》。

下面采用 SPSS 偏相关分析方法研究人口迁移与区域经济发展的关系。因为人口迁移和区域经济发展之间存在很多相互关联的变量。所以，这里不能采用二元相关分析。但是，用一般的相关性分析方法分析多元变量往往会因第三个或更多变量的影响，使相关系数不能够真实地反映变量之间的相关关系。所以，这里采用偏相关分析的方法。因为偏相关分析在描述两个变量的相关性时，先固定其他变量不必要的影响，独立考察变量之间的相关关系。因此，偏相关分析方法避免了上述方法的不足，能更为准确地描述变量之间的相关关系。

模型一分析迁出人口和各迁出地区的经济发展水平、失业率、人口规模、教育基础设施、耕地面积及工资水平之间的关系。特别需要指出的是由于各学校的规模不同，所容纳的学生数也会不同，而用学校数量代表地区教育设施情况也不够精准。因此，这里利用学生数来代表地区教育水平，将教育水平变量纳入模型分析中。目的是衡量不同文化素质的人口对迁移动机有多大程度的影响；耕地面积变量可以表示某地区的农业在区域经济中的重要性，耕地面积越大则说明地区农业经济在地区经济发展中的地位越重要，将该变量加入模型中的目的是观察以农业为主导的地区对人口迁出是否有明显的影响；工资水平变量是利用地区平均工资水平来表示的，由于地区工资水平差异在很大程度上成为影响人口迁移的最为重要的因素之一，因此，这里在人口迁出模型中加入迁出地的工资水平变量，目的是衡量人口迁出地工资水平与人口迁出的相关程度大小。

模型二用来分析人口迁入与迁入地的经济发展水平、工资水平、就业情况、经济开放程度、教育水平、气候条件、企业数和投资规模之间的关系。这里面的经济因素包括地区经济总量、工资、贸易规模、企业数和投资规模，将这些经济变量加入模型中，目的是判断不同经济发展变量中，哪些变量对人口迁入的影响最显著；由于学生数量均是与学校规模、数量，以及其他相关教育基础设施相联系的，所以用学生数量可以描述当地对教育的重视程度。最后，由于人们多愿意生活在气候条件较为优越的地区，因此，在分析影响人口迁入的原因时将气候因素考虑在内，判断地区气候条件在多大程度上影响人口迁移选择，这里将地区全年平均温度作为衡量当地自然条件的要素。

三　人口迁移与区域经济的相关性分析

相关分析是判断两个随机变量之间是否存在相互依存关系的方法，通过这种方法可以了解变量之间关系的密切程度和关联的方向。下面将通过此方法研究人口迁出、人口迁入与各经济变量之间的相关关系。

1. 人口迁出

首先，要检验人口迁出与各变量之间的显著性。人口迁出与迁出地的 GDP 和失业率变量之间的相关关系并不显著，sig 值均大于 0.05，所以，接受两个变量相关系数为零的假设，这说明人口迁出地的经济规模和失业率对人口迁出的影响不大，而其他因素，如当地人口规模、学生数量、耕地面积和平均工资水平对人口迁出的影响更大，它们的 sig 值均小于 0.05，各变量之间呈显著的线性相关关系。

其次，从各变量之间的相关系数看，人口迁出与迁出地的人口规模、学生数量之间存在强相关关系，与平均工资水平存在方向相反的弱相关关系，见表 3 - 8。这说明人口规模越大、学生数越多、农业经济占主导的地区，其人口的迁移倾向越大；此外，虽然迁出地工资水平对人口迁出的影响相对来说不及其他变量明显，但是，迁出地相对较低的工资水平也在一定程度上推动了人口迁出，成为影响人口迁移的决策之一。

表 3 - 8　迁出人口与各变量之间的 Pearson 相关系数

	人口迁出	GDP	失业率	人口规模	学生数量	耕地面积	平均工资
人口迁出	1.000	0.259	0.139	0.670	0.665	0.439	-0.396
GDP	0.259	1.000	-0.310	0.832	0.792	0.230	0.110
失业率	0.139	-0.310	1.000	-0.109	-0.131	0.249	-0.308
人口规模	0.670	0.832	-0.109	1.000	0.987	0.516	-0.280
学生数量	0.665	0.792	-0.131	0.987	1.000	0.564	-0.329
耕地面积	0.439	0.230	0.249	0.516	0.564	1.000	-0.590
平均工资	-0.396	0.110	-0.308	-0.280	-0.329	-0.590	1.000

值得注意的是，只利用 Pearson 相关系数分析变量的相关关系往往有可能不能真实反映两个变量之间的相关程度，而偏相关分析可以控制其他变量不必要的影响，能够辨别真正影响人口迁出的独立因素，判断哪些自变量对因变量的影响较大，从而选择必须考虑的自变量。偏相关分析的分析结果见表 3 - 9。

表 3 - 9　迁出人口与各变量之间的偏相关系数

	GDP	失业率	人口规模	学生数量	耕地面积	工资水平
迁出人口	-0.751	-0.049	0.594	-0.267	-0.053	-0.246
P 值	0.000	0.811	0.001	0.188	0.179	0.026
D. F.	24	24	24	24	24	24

根据表中得出的结论，可以了解到人口迁出变量与失业率（P = 0.811）、学生数量（P = 0.188）和耕地面积（P = 0.179）

之间无显著的偏相关关系。这是因为失业率变量没有通过方程显著性检验，而学生数量又与人口规模之间存在相关关系，在分析人口规模对人口迁出的影响时也存在学生数量的影响。所以，当固定人口规模这一变量时，就看不出学生数量与人口迁出之间的相关关系了；同样，耕地面积和工资水平之间存在方向相反、相关关系较强的问题，所以，独立的某个变量不足以对人口迁出产生影响。总的来说，人口迁出只与迁出地 GDP、工资水平和人口规模存在较强的偏相关关系，也就是说地区经济发展水平、工资水平和人口数量能够独立影响人口迁出。

偏相关系数的大小能够描述人口迁出变量与其他变量之间的相关程度。人口迁出规模与地区经济总量、工资水平呈较强的负相关关系，即当地经济越落后、工资水平越低，人口迁出规模越大；人口迁出与人口规模呈较显著的正相关关系，即人口规模越大，迁出人口数则越多，这也进一步说明了为什么我国许多人口大省，如安徽、河南、湖南、湖北、江西、重庆、四川等，均是我国重要的人口迁出中心。

2. 人口迁入

首先，通过相关性检验发现人口迁入与学生数量之间的 P 值为 0.59，没有通过检验。所以，人口迁入与迁入地的学生数量不存在相关关系，其他变量均通过了显著性检验。

其次，从相关系数大小看，人口迁入与进出口和地区企业数之间具有极强的相关关系，与当地经济发展水平和平均工资水平变量之间存在强相关关系，与失业率变量之间存在中强的相关关系，而与平均气温和地区总投资水平变量之间存在弱相关关系。这说明地区经济越开放，吸引的投资也越多，国内外企业纷纷向该地区聚集，形成规模经济效应，从而创造了更多的工作岗位、提供了较多的就业机会，因此，这类地区对那些有迁移动机人口的吸引力也较强，促进了人口的进一步集聚。

表 3 – 10　人口迁入与各变量之间的 Pearson 相关系数

	人口迁入	GDP	平均工资	失业率	进出口	学生数量	气温	企业数	总投资
人口迁入	1.000	0.713	0.696	− 0.455	0.930	0.344	0.380	0.908	0.359
GDP	0.713	1.000	0.110	− 0.310	0.784	0.792	0.330	0.812	0.888
平均工资	0.696	0.110	1.000	− 0.308	0.489	− 0.329	0.100	0.445	− 0.136
失业率	− 0.455	− 0.310	− 0.308	1.000	− 0.488	− 0.131	− 0.156	− 0.373	− 0.144
进出口	0.930	0.832	− 0.280	− 0.109	1.000	0.987	0.333	0.978	0.452
学生数量	0.344	0.792	− 0.329	− 0.131	0.377	1.000	0.345	0.435	0.848
气温	0.380	0.330	0.010	− 0.156	0.333	0.345	1.000	0.381	0.206
企业数	0.908	0.812	0.445	− 0.373	0.978	0.435	0.381	1.000	0.506
总投资	0.359	0.888	− 0.136	− 0.144	0.452	0.848	0.206	0.506	1.000

通过偏相关对变量进行分析，可以找到能够独立影响因变量的因素。检验后只有总投资通过了显著性检验，如表 3 – 11 所示。这是由于方程中除了总投资之外，其他变量之间均存在较强的相互关联关系，如平均工资水平、进出口贸易规模和失业率与企业数之间存在密切的关联关系，这些变量在共同发挥作用时，才能对人口迁入产生显著的影响；GDP 变量与总投资水平之间存在密切的关联关系，所以，当固定总投资这一变量时，GDP 对人口迁入没有明显的影响。综上所述，总投资水平变量对人口迁入的影响最有意义。投资规模的扩大不但能提高经济发展水平和人们的工资收入水平，进一步拉大区域经济发展差距，而且能够创造更多的就业岗位，提高对迁移人口的吸引作用。因此，加强地区的投资力度能够有效地提高对人口的吸引作用。

表 3 – 11　人口迁入与各变量之间的偏相关系数

	GDP	平均工资	失业率	学生数量	气温	企业数	总投资	进出口
人口迁入	0.379	– 0.237	– 0.072	– 0.116	0.132	0.030	– 0.433	0.201
P 值	0.068	0.266	0.738	0.590	0.538	0.889	0.034	0.346
D. F.	22	22	22	22	22	22	22	22

第三节　人口迁移对区域经济发展的影响

一　方法介绍

分析变量之间的关联关系可以通过数理统计分析中的回归分析、方差分析、主成分分析的方法获得分析结果。但是，若采用数理统计方法，需要有大量的、质量较高的数据，而且，还要求变量之间呈线性相关关系，即使数据满足条件，最后得到的量化分析结果也可能与定性的理论预期产生偏差。因此，数理统计分析方法不是最佳的途径。而灰色关联分析的模型属于非函数模型，对样本数量和数据多寡没有严格的要求，也不要求变量服从正态分布。因此，这里可以通过灰色关联分析方法来研究人口迁移对区域经济发展的影响。灰色关联分析是根据数列曲线形状的接近程度做发展态势的动态分析，通过这种方法来寻求系统中各子系统之间的数值关系。如果两个因素发展态势是一致的，同步化程度较高，则两者的关联较大，反之亦然。所以，灰色关联分析可以对系统中的主要因素和次要因素进行归类，有助于我们发现对某一变量影响最大的因素，从而找到主要矛盾。

二 分析步骤

首先，设地区国民生产总值 GDP 为母因素序列，记为 x_0 (k)，$k = 1$，2，$\cdots$，14；或 $k = 1$，2，$\cdots$，17；其他因素为比较因素序列 x_i (k)，$i = 1$，2，$\cdots$，7。表 3 – 12 中的 MG 代表迁移人口，当研究人口迁入与迁入地经济发展时，MG 为迁入人口，反之，则为迁出人口；P 为各省的人口规模；MGu 为大学生迁移人口数；Parg 为农业人口数；IVT 为投资规模；WKR2 和 WKR3 分别代表第二产业和第三产业就业人数。接下来对各因素进行初值化处理，得到标准化无量纲序列。

表 3 – 12　人口迁入地与迁出地经济和人口指标

	k	地区	GDP x_0 (k)	MG x_1 (k)	P x_2 (k)	MGu x_3 (k)	Parg x_4 (k)	IVT x_5 (k)	WKR2 x_6 (k)	WKR3 x_7 (k)
迁入地	1	北京	14114	385	1961	166	275	5403	276	977
	2	上海	17166	493	2302	121	246	5109	347	541
	3	天津	9224	150	1294	29	266	6278	213	231
	4	江苏	41425	490	7866	59	3129	23184	2142	1707
	5	广东	46013	1389	10432	147	3529	15624	2018	2276
	6	浙江	27722	841	5443	45	2088	12376	1914	1441
	7	内蒙古	11672	83	2471	13	1099	8926	206	407
	8	辽宁	18457	118	4375	25	1656	16043	586	952
	9	福建	14737	251	3689	21	1583	8199	816	729
	10	海南	2065	34	867	12	436	1317	54	170
	11	西藏	507	9	300	1	232	463	19	63
	12	青海	1350	18	563	3	311	1017	66	104
	13	宁夏	1690	24	630	4	328	1444	86	111
	14	新疆	5437	84	2182	10	1248	3423	120	297

k	地区	GDP $x_0(k)$	MG $x_1(k)$	P $x_2(k)$	MGu $x_3(k)$	Parg $x_4(k)$	IVT $x_5(k)$	WKR2 $x_6(k)$	WKR3 $x_7(k)$
1	山东	39170	201	9579	35	4817	23281	1840	1810
2	河北	20394	202	7185	23	4028	15083	1261	1060
3	山西	9201	79	3571	9	1855	6063	440	587
4	吉林	8668	85	2745	12	1280	7870	266	458
5	黑龙江	10369	146	3831	11	1699	6813	337	631
6	安徽	12359	553	5950	14	3392	11543	1132	1176
7	江西	9451	348	4457	22	2507	8772	684	755
8	河南	23092	543	9403	12	5781	16586	1753	1576
9	湖北	15968	380	5724	26	2879	10263	908	1288
10	湖南	16038	459	6570	19	3725	9664	861	1275
11	广西	9570	282	4602	13	2761	7058	620	755
12	重庆	7926	184	2885	25	1355	6689	556	724
13	四川	17185	499	8042	28	4807	13117	1154	1702
14	贵州	4602	268	3475	7	2301	3105	285	925
15	云南	7224	109	4597	11	3001	5529	383	760
16	陕西	10123	135	3733	27	2027	7964	488	608
17	甘肃	4121	105	2558	8	1638	3158	216	484

迁出地（1-6），迁出地（7-17）

资料来源：《中国统计年鉴2011》《中国2010年人口普查资料》，中国统计出版社。

首先，根据表3-12中的人口和经济指标，分别得到人口迁入与人口迁出的标准化系列 R_1 和 R_2：

$$R_1 = \begin{bmatrix}
1 & 1 & 1 & 1 & 1 & 1 & 1 & 1 \\
1.22 & 1.28 & 1.17 & 0.73 & 0.89 & 0.95 & 1.26 & 0.55 \\
0.65 & 0.39 & 0.66 & 0.17 & 0.97 & 1.16 & 0.77 & 0.24 \\
2.94 & 1.27 & 4.01 & 0.36 & 11.36 & 4.29 & 7.77 & 1.74 \\
3.26 & 3.61 & 5.32 & 0.89 & 12.82 & 2.89 & 7.32 & 2.33 \\
1.96 & 2.18 & 2.78 & 0.27 & 7.58 & 2.29 & 6.94 & 1.48 \\
0.83 & 0.22 & 1.26 & 0.08 & 3.98 & 1.65 & 0.75 & 0.42 \\
1.31 & 0.31 & 2.23 & 0.15 & 6.01 & 2.96 & 2.13 & 0.97 \\
1.04 & 0.65 & 1.88 & 0.12 & 5.75 & 1.52 & 2.96 & 0.75 \\
0.15 & 0.09 & 0.44 & 0.07 & 1.58 & 0.24 & 0.19 & 0.17 \\
0.04 & 0.02 & 0.15 & 0.01 & 0.84 & 0.09 & 0.07 & 0.06 \\
0.10 & 0.05 & 0.29 & 0.02 & 1.13 & 0.19 & 0.24 & 0.11 \\
0.12 & 0.06 & 0.32 & 0.02 & 1.19 & 0.27 & 0.31 & 0.11 \\
0.39 & 0.22 & 1.11 & 0.06 & 4.53 & 0.63 & 0.43 & 0.30
\end{bmatrix}$$

$$R_2 = \begin{bmatrix} 1 & 1 & 1 & 1 & 1 & 1 & 1 & 1 \\ 0.52 & 1.00 & 0.75 & 0.65 & 0.84 & 0.65 & 0.69 & 0.59 \\ 0.23 & 0.39 & 0.37 & 0.26 & 0.39 & 0.26 & 0.24 & 0.32 \\ 0.22 & 0.42 & 0.29 & 0.33 & 0.27 & 0.34 & 0.14 & 0.25 \\ 0.26 & 0.73 & 0.40 & 0.32 & 0.35 & 0.29 & 0.18 & 0.35 \\ 0.32 & 2.74 & 0.62 & 0.38 & 0.70 & 0.50 & 0.62 & 0.65 \\ 0.24 & 1.73 & 0.47 & 0.62 & 0.52 & 0.38 & 0.37 & 0.42 \\ 0.59 & 2.69 & 0.98 & 0.34 & 1.20 & 0.71 & 0.95 & 0.87 \\ 0.41 & 1.89 & 0.60 & 0.74 & 0.60 & 0.44 & 0.49 & 0.71 \\ 0.41 & 2.28 & 0.69 & 0.54 & 0.77 & 0.42 & 0.47 & 0.70 \\ 0.24 & 1.40 & 0.48 & 0.36 & 0.57 & 0.30 & 0.34 & 0.42 \\ 0.20 & 0.92 & 0.30 & 0.71 & 0.21 & 0.29 & 0.30 & 0.40 \\ 0.44 & 2.48 & 0.84 & 0.80 & 1.00 & 0.56 & 0.63 & 0.94 \\ 0.12 & 1.33 & 0.36 & 0.21 & 0.48 & 0.13 & 0.15 & 0.51 \\ 0.18 & 0.54 & 0.48 & 0.31 & 0.62 & 0.24 & 0.21 & 0.42 \\ 0.26 & 0.67 & 0.39 & 0.77 & 0.42 & 0.34 & 0.27 & 0.34 \\ 0.11 & 0.52 & 0.27 & 0.22 & 0.34 & 0.14 & 0.12 & 0.27 \end{bmatrix}$$

其次，根据标准化序列求绝对差，得到一个新序列，再求出新序列的最大值和最小值。根据下列方程得到关联系数矩阵。

$$r\left(x_0\left(k\right), x_i\left(k\right)\right) = \frac{\Delta_{min} + \rho\Delta_{max}}{\Delta_{oi}\left(k\right) + \rho\Delta_{max}}$$

Δ_{min} 为最小值，Δ_{max} 为最大值，$\rho \in \left(0, 1\right)$ 为分辨系数，这里取 $\rho = 0.5$，其目的是削弱最大绝对差数值太大引起的失真，从而提高关联系数之间差异的显著水平。最后得到人口迁入地区与迁出地区的关联系数矩阵，如表 3 – 13 所示。

三 结果分析

通过观察表 3 – 13 中人口迁移与迁入地和迁出地之间的关联系数矩阵，可以得到如下几个结论。

首先，人口迁入与迁入地经济的关联度最高。除此之外，第三产业产值、直接投资和地区人口规模也与区域经济发展之间存在着密切的关系。但是，迁移人口中大学生的数量、第二产业产值和农业人口数对区域经济影响较小。该结论可以再次证明人口迁入能够为迁入地经济发展做出巨大的贡献；同时，还可以推断发展第三产业、扩大直接投资规模和加速推进人口的城市化政策能够对人口迁入地的经济产生积极的影响。然而，迁移人口中大学生数量对迁入地经济贡献较不明显，说明人口迁入地可能还未能充分利用具有高等文化素质水平的人力资本，也有可能是因为大学生迁移人口在总体迁移人口中规模较小，所以，对经济的贡献不明显。

其次，人口迁出与迁出地经济的关联度最低。人口迁出地多是我国人口大省，经济发展水平较为落后。若要提高人口迁出地的经济发展水平，就要找到与经济变量最为相关的变量。通过灰色关联分析得到的结论表明，提高投资规模和发展第二产业是两个最为有效的方式，而人口迁出、第三产业产值、农业人口等变量均对迁出地经济发展贡献不大。

表 3-13　人口迁入地与迁出地各变量与区域经济的关系

变　量	迁入地	迁出地
人口迁移规模	0.938	0.615
人口规模	0.905	0.859
大学生迁移人口	0.876	0.871
农业人口数	0.674	0.829
直接投资	0.919	0.945
第二产业就业人数	0.854	0.928
第三产业就业人数	0.936	0.866

第四节 区域经济发展对人口迁移的影响

一 基本引力模型的介绍

吉佛（G. K. Zipf，1949）是最早将引力模型引入到"推拉理论"中的。[①] 最初，引力模型被应用于地理学和数量地理学，后来在各个领域中被广泛应用。引力模型在人口迁移领域中的变量包括迁出地人口、迁入地人口，以及迁出地与迁入地两地之间的距离。虽然，该模型已被广泛应用，但是由于模型缺乏描述迁移原因和其他影响迁移决策过程的变量，所以该模型还存在很多缺陷。

基本引力模型的公式为：

$$M_{ij} = k \frac{P_i^{a_1} P_j^{a_2}}{d_{ij}^{a_3}}$$

i 和 j 分别代表人口迁出地和迁入地；M_{ij} 为由迁出地 i 向迁入地 j 迁移的人口数；P_i 和 P_j 分别代表迁出地 i 和迁入地 j 的人口数；d_{ij} 代表人口迁出地与人口迁入地之间的距离。

二 模型建立

由于引力模型考虑范围只局限于宏观角度，但却忽略了某些微观变量的作用。所以，Lowry（1966）提出将迁入地和迁出

[①] George Kinglsey Zipf. Human Behaviour and the Principle of Least Effort：An Introduction to Human Ecology，Hafner，1965：1 – 573.

地的收入水平、就业情况、教育水平、年龄结构等因素纳入模型中[①]；此外，国内学者俞路等也对引力模型进行了修正，他在模型中加入经济差距和气候差异变量。[②] 由于引力模型在解释地理空间因素和经济因素与人口迁移的影响中所使用的范围较广，国内外学者也十分推崇这种方法。因此，鉴于引力模型存在的不足，并根据实际研究需要，下面通过对引力模型进行适当的修正，得到所要研究问题的结论。

（一）引力模型的线性化

以引力模型为基础，将该模型进行线性化处理，得到模型1：

$$\ln M_{ij} = C + a_1 \ln P_i + a_2 \ln P_j + a_3 \ln d_{ij} \qquad （模型1）$$

C 为常数项，M_{ij} 表示 i 地区向 j 地区迁移的人口数；P_i 和 P_j 分别代表 i 地区和 j 地区的人口数；d_{ij} 代表 i 地区和 j 地区之间的距离；a_1、a_2 分别代表人口迁移的地区人口弹性；a_3 代表迁移人口的距离弹性。

（二）引力模型的修正

由于基本引力模型不能够说明区域经济发展不平衡对人口迁移的影响。所以，为了检验区域经济发展差距对人口迁移的影响，将迁入地和迁出地的国民生产总值变量纳入模型中。修正后的模型如下：

---

① Lowry, I. S. Migration and Metropolitan Growth: Two Analytic Methods, San Francisco, CA: Chandler, 1966.

② 俞路、张善余：《基于空间统计的人口迁移流分析——以我国三大都市圈为例》，《华东师范大学学报》（哲学社会科学版）2005 年第 5 期。

$$\ln M_{ij} = C + a_1 \ln P_i + a_2 \ln P_j + a_3 \ln d_{ij} + a_4 \ln G_i + a_5 \ln G_j \qquad (模型2)$$

G_i 和 G_j 分别表示迁出地 i 和迁入地 j 的地区国民生产总值；a_4 和 a_5 分别代表人口迁移的经济弹性。

但是，模型 2 也存在一定不足：

一方面，模型 2 没有考虑已经迁移的人口对潜在的和当前的迁移人口的影响，实际上，二者之间存在密切的关联关系；另一方面，模型 2 仅仅考虑到各省的人口和经济发展水平的特点，而忽略了迁入地迁移人口的社会网络能促进同一迁出地的迁移人口向同一个迁入地迁移。因此，为了顾及过去迁移流对潜在迁移人口的影响，在模型 2 中加入了迁移储备这一变量，得到模型 3：

$$\ln M_{ij} = C + a_1 \ln P_i + a_2 \ln P_j + a_3 \ln d_{ij} + a_4 \ln G_i + a_5 \ln G_j + a_6 \ln S_{ij} \qquad (模型3)$$

S_{ij} 表示过去 i 地区向 j 地区迁移的人口占 i 地区人口迁移总数的比重；a_6 表示过去迁移的人口对现在迁移人口的弹性，也就是已经迁移到 j 地区的人口对现在迁入到 j 地区的人口影响作用的大小。

三 结果分析

下面利用 SPSS 分别对以上三个模型进行多元线性回归，输出结果见表 3 – 14。

（一）模型 1 的估计结果

模型 1 估计了迁入地和迁出地的人口与距离变量对迁移人口的影响。首先，观察方程各个解释变量系数的大小，可以发现迁移的距离变量与人口迁移数量变动方向相反，即距离越远，迁移人口的迁移动机越小；此外，迁移人口数与迁入地和迁出地的人口数呈正相关关系，即迁入地和迁出地人口越多，人口迁移规模越大。其次，从方程各检验结果看，Beta 是标准回归系数，比较 Beta 的大小可以看出，与其他变量相比，模型 1 中迁入地的人口对人口迁移来说是最重要的变量；拟合优度 R^2 和方程显著性水平检验 F 值说明方程的解释效果是否良好，模型 1 中，R^2 的值为 0.736，F 值为 5.579，该结果说明方程的解释效果较好，但是，从各解释变量对因变量影响的 t 值看，各个解释变量对因变量的影响显著性不佳。

（二）模型 2 的估计结果

模型 2 加入了迁入地和迁出地的经济发展水平因素，加入这两个因素后，能够得到各变量对人口迁移的影响。首先，比较模型各解释变量的系数大小，发现迁出地经济发展水平对人口迁移的推动作用小于迁入地经济对人口的吸引作用，所以，经济因素是形成人口迁移的根源，人们迁移的目的是获得更高的收入，提高生活水平。其次，从方程的检验结果看，方程解释变量对因变量的拟合情况与模型 1 相比有所改善，方程的解释效果也较好。但是，从反映各个解释变量对因变量效果的 t 值看，只有 G_i 的 t 值通过 t 检验，G_j 的 t 值接近绝对值，其他变量均没有通过假设检验，不能拒绝原假设。所以，只有迁出地的经济发展水平对迁移人口这一变量具有良好的解释效果。

（三）模型 3 的估计结果

模型 3 是在模型 2 的基础上做进一步的修正，新的模型加入了迁移储备这一变量。加入迁移储备变量的原因是：由于过去迁出某地区，在迁入地生活一段时间的人口会对迁入地的经济发展水平、收入水平、就业情况等方面有一个综合的评价。同时，已经发生迁移的人口和潜在的迁移人口之间存在一个社会网络关系，所以，已经迁出的人口会通过社会网络关系将迁入地的综合评价信息传递给潜在的迁移人口，从而对迁移决策产生巨大的影响。因此，迁移储备对人口迁移的影响不容忽视。加入迁移储备变量后，通过新的引力模型能够推出如下结论：

首先，从模型 3 的检验结果可以看出，方程解释变量对因变量的解释效果非常好，R^2 值为 0.989，F 值为 43.126，这也反映了方程解释变量对被解释变量的解释效果较好。另外，从各自变量对因变量的解释能力看，G_i、G_j 和 S_{ij} 的 t 值均落在拒绝域中，可以拒绝原假设，说明迁入地和迁出地的经济发展水平，以及迁移储备这三个变量对人口迁移存在显著的影响。

其次，从模型 3 的输出结果可以看出，由大到小对人口迁移影响的变量依次为：迁入地经济发展水平、迁出地经济发展水平和迁移储备，其中，迁入地与迁出地经济发展水平指数相差不大。模型 3 的各变量系数的大小排名反映了迁移人口迁移决策的影响因素。影响人口迁移最为直接的因素就是地区经济发展水平的差距，经济发展水平或收入水平的差距使人们产生了迁移动机，人们将选择那些能够提高收入水平，并且有一定社会关系的城市发展，从而形成了一个可循环的人口迁移模式。

表 3-14 省际人口迁移模型

变量	模型 1			模型 2			模型 3		
	B	t	Beta	B	t	Beta	B	t	Beta
C	1.754	0.415		-9.187	-3.660		18.246	3.486	
P_i	0.728	0.157	0.157	0.064	0.240	0.601	0.854	1.941	0.483
P_j	0.809	0.946	0.946	0.085	0.683	0.870	-0.501	-2.010	-0.582
d_{ij}	-0.236	-0.300	-0.300	-0.265	-1.063	-1.337	-0.256	-3.089	-0.326
G_i				-0.727	-2.899	-2.118	-1.048	-3.472	-0.166
G_j				1.112	2.143	1.796	1.162	3.181	1.385
S_{ij}							1.015	7.366	0.968
R^2	0.736			0.781			0.989		
F	5.579			2.857			43.126		

第四章

我国东、中、西三大区域省际
人口迁移的地区差异分析

经济因素是影响人口迁移最为重要的因素（王桂新，1997），
而地区经济发展的不平衡是制约人口迁移数量和迁移率高低的决定
性因素（马侠，1994）。上一章是从整体的角度研究我国省际人口
迁移与东、中、西三大区域的经济发展关系。但在三大区域经济发
展差距不断拉大的同时，区域内部各省份之间的经济发展差距也
在不断扩大，之前计算的三大地区的 Theil 系数也证实了这一点。
而且，在研究人口迁移时，也不能忽略各个区域内部各省份之间
的人口迁移情况。所以，有必要分别以东、中、西三大区域内各省
为研究视角，进一步分析省际人口迁移与区域经济发展的关系。

第一节　人口迁移的地区差异

一　人口迁移潜力的地区差异
（一）概念介绍
利用人口迁移潜力能够衡量地区人口分布的经济均衡情况。

可以用一个地区的理论人口和实际人口之间差距的大小来衡量人口的绝对迁移潜力，再用人口的绝对迁移潜力与实际人口相比的比值得到相对人口迁移潜力（王德等，2003）。[①] 其中，理论人口是在社会收入分配完全平等的假设前提下，使地区经济差距为零，在这种各地区的社会经济均衡发展的理想状态下，各地区的人口即为理论上的人口，对于经济发展水平相对落后的地区，理论人口将小于实际人口；相反，对于经济较为发达的地区来说，理论人口则大于实际人口。

若人口迁移潜力为正，则表示人口有迁入的趋势，为负则有迁出的趋势，差值越大表示迁移的潜力越大；而当迁移潜力为零时，代表理论人口与实际人口相等，说明该地区的人口与其经济发展水平正好匹配，是最为理想的状态。

（二）人口迁移潜力分析

根据以上理论及我国的人口数据，得到"五普"和"六普"两段时期我国东、中、西各区域内各省的人口迁移潜力，根据表 4 - 1 可以得到如下结论。

首先，我国东部地区有人口迁入的潜力，而中部和西部地区人口迁出的潜力较大。从表中数据可以看出，五普时期，东部地区除了广西和海南之外，其他地区的人口迁移潜力均为正，这说明相对于我国东部地区目前的经济规模和经济发展形势来说，有承载更大规模人口的潜力；六普时期，中部地区除了吉

[①] 王德、朱玮、叶晖：《1985～2000 年我国人口迁移对区域经济差异的均衡作用研究》，《人口与经济》2003 年第 6 期。

林和内蒙古的人口迁移潜力为正以外，其他地区均为负值，这说明中部绝大多数地区人口数相对于经济规模来说偏多，有人口进一步迁出的潜力；六普时期，西部地区是我国经济发展较为落后的区域，所有省的人口迁移潜力均为负，这意味着相对于地区经济发展水平来说，西部地区也有人口进一步迁出的潜力。但是，比较"五普"和"六普"人口绝对迁移潜力，东部地区减少了891万人、中、西部地区增加了1031万人和1086万人，西部地区增大幅度最大。这说明近年来我国中部和西部地区人口迁移潜力普遍上升，吸引外来移民的经济实力有所提升，相对于快速发展的中西部地区，东部地区发展步伐正在逐步放缓。

其次，比较"五普"和"六普"两段时期我国各省份的人口绝对迁移潜力，在"五普"时期，正的绝对迁移潜力最大的地区分别为广东、上海、江苏、浙江，"六普"时期这一排名发生了变化，江苏最高，其次是广东、浙江、山东、上海，其中，江苏绝对人口迁入潜力上升最大，绝对人口迁移潜力高达5943万人，超过实际人口的3/4，迁移潜力的上升说明江苏吸引外来人口的经济实力越来越强，而东部地区的上海、福建、河北、辽宁等地的人口迁移潜力则明显减弱；再观察我国负的人口绝对迁移潜力地区，"五普"时期四川、贵州、河南、安徽的绝对迁移潜力最大，绝对迁移潜力各占实际人口的31.98%、60.17%、21.58%和28.30%，也就是说，要使人口与区域经济保持均衡、协调发展，四川应至少迁出现有人口的31.98%才能满足条件。虽然，"五普"时期四川、贵州和河南的绝对迁移潜力为负，但是，"六普"时期这三个省份的迁移潜力出现明显上升，这说明进入 21 世纪之后这几个省的经济发展实力有所提升。

最后，相对迁移潜力是在绝对迁移潜力的基础之上，加入了各地区的实际人口数量因素，表示按照当地经济水平，理论上应迁入或迁出的人口数占地区总人口的比重。根据相对迁移潜力数据，北京、天津和上海的相对迁移潜力最高，分别为 140%、137% 和 149%，这是因为北京、天津和上海是我国人均国内生产总值较高的地区，同时，这些直辖市的实际人口规模比其他省份的人口规模要小很多，因此，这些城市的相对迁移潜力要比其他地区高很多。

表 4-1 我国各类地区人口迁移潜力

万人，%

		"五普"				"六普"			
		理论人口	实际人口	绝对迁移潜力	相对迁移潜力	理论人口	实际人口	绝对迁移潜力	相对迁移潜力
东部地区	北京	3502	1382	2120	153	4706	1962	2744	140
	天津	2316	1001	1315	131	3076	1299	1776	137
	河北	7190	6744	446	7	6800	7194	-394	-5
	辽宁	6596	4238	2358	56	6154	4375	1779	41
	上海	6430	1674	4756	284	5724	2303	3421	149
	江苏	12126	7438	4688	63	13812	7869	5943	76
	浙江	8528	4677	3851	82	9243	5447	3797	70
	福建	5538	3471	2067	60	4914	3693	1221	33
	山东	12068	9079	2989	33	13060	9588	3472	36
	广东	13651	8642	5009	58	15342	10441	4901	47
	广西	2896	4489	-1593	-35	3191	4610	-1419	-31
	海南	732	787	-55	-7	688	869	-180	-21
中部地区	山西	2323	3297	-974	-30	3068	3574	-506	-14
	吉林	2573	2728	-155	-6	2890	2747	143	5
	黑龙江	4596	3689	907	25	3457	3833	-376	-10
	内蒙古	1979	2376	-397	-17	3892	2472	1420	57

续表

		"五普"				"六普"			
		理论人口	实际人口	绝对迁移潜力	相对迁移潜力	理论人口	实际人口	绝对迁移潜力	相对迁移潜力
中部地区	安 徽	4292	5986	-1694	-28	4121	5957	-1836	-31
	江 西	2830	4140	-1310	-32	3151	4462	-1311	-29
	河 南	7259	9256	-1997	-22	7700	9405	-1706	-18
	湖 北	6041	6028	13	0	5324	5728	-404	-7
	湖 南	5216	6440	-1224	-19	5347	6570	-1223	-19
西部地区	重 庆	2245	3090	-845	-27	2643	2885	-242	-8
	四 川	5665	8329	-2664	-32	5730	8045	-2315	-29
	贵 州	1404	3525	-2121	-60	1534	3479	-1944	-56
	云 南	2762	4288	-1526	-36	2409	4602	-2193	-48
	西 藏	165	262	-97	-37	169	301	-132	-44
	陕 西	2347	3605	-1258	-35	3375	3735	-360	-10
	甘 肃	1389	2562	-1173	-46	1374	2560	-1186	-46
	青 海	373	518	-145	-28	450	563	-113	-20
	宁 夏	376	562	-186	-33	563	633	-70	-11
	新 疆	1927	1925	2	0	1813	2185	-372	-17

资料来源：《中国统计年鉴 2001》《中国统计年鉴 2011》。

　　总的来说，北京、上海、天津是我国经济最为发达的直辖市城市，所以，有巨大的人口迁入潜力。虽然上海是我国人口迁入潜力最大的城市，但近些年上海人口迁入潜力出现明显的下降，人口的承载能力逐渐降低，而毗邻的江苏在近年来人口迁入潜力大大提升。这说明在上海人口承载力逐渐下降及商业经营成本逐渐上升的情况下，更多的企业和人口选择过渡到上海周边地区，一方面可以利用地理邻近的优越条件，另一方面也可以降低高昂的经营成本。西部地区的四川、云南和贵州是浙江、广东、福建、江苏和上海这些迁移中心所迁入人口的主要来源；中部地区的安徽和河南是我国人口迁出潜力最大的地区，是江苏、浙江、广东、上海和北京迁移人口的主要来源。

(三) 人口迁移潜力和实际人口迁移的关系

由于我国多数地区的理论人口与实际人口数差距较大，所以，我国的人口迁移潜力较大。但是，有人口迁移潜力并不意味着存在真正意义上的人口迁移行为，该指标只是表示人口对目前经济的现状存在不满，有迁移的动机 (Tanja，2009)。[1] 虽然，社会、文化、政治等因素使得实际的人口迁移规模和理论上的人口迁移潜力存在差别，但通过研究我国各地区人口迁移潜力的大小，有助于分析我国哪些地区的人口规模和经济发展水平不平衡，需要提高经济发展水平，释放那些有迁移倾向的蓄积人口，从而平衡区域经济发展水平，缩小地区收入差距，使经济发展水平和人口分布逐渐趋于合理。

根据"六普"时期我国实际人口净迁移数量和各地区人口迁移潜力绘制出人口迁移潜力与实际人口迁移数量关系的散点图，如图 4 - 1 所示。将人口迁移潜力（MP）作为因变量，实际人口净迁移数量（NMG）作为自变量，建立实际净迁移人口与人口迁移潜力的回归方程。得到方程 $NMG = -78.425 + 0.199\ MP$，拟合优度为 0.69。

从图 4 - 1 中可以看出，人口迁移潜力与实际人口净迁移数

---

① M. Sc. Tanja Pavlov. Migrant Potential of Serbia. Belgrade：Group 484，2009：1 - 64.

量之间存在正相关关系，人口迁移潜力对实际人口迁移的弹性系数为0.199，说明每100个潜在的迁移人口中就会有大约20个人发生实际的人口迁移。

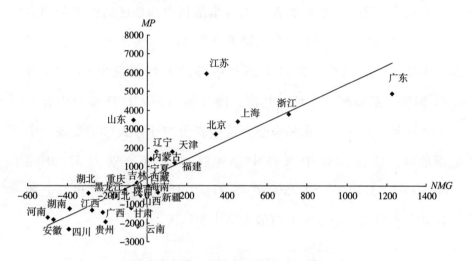

图 4 - 1 "六普"时期我国省际人口迁移潜力与实际人口迁移的关系

资料来源：《中国统计年鉴2011》《中国2010年人口普查资料》。

二 迁移人口来源的地区差异

（一）东部地区

我国各省迁入东部地区的迁移人口来源分布特征见表4－2。

一是东部地区有一半以上的迁移人口来自中部地区，迁移人口主要来自安徽、河南、湖南、湖北和江西，这些省份的迁移人口主要流入长三角经济圈和珠三角经济圈。其中，安徽省的迁移人口主要迁入与其毗邻的长三角经济圈，如上海、江苏和浙江这些地区是安徽省迁移人口的主要聚集地，而河南、湖北、湖南和江西的迁出人口则主要迁入广东省。

二是北部沿海人口迁入地的迁移人口来自东部和中部地区，南部沿海人口迁入中心的迁移人口主要来自中部地区。首先，北部地区的北京市和天津市是我国"六普"时期的人口迁移中心之一。其中，迁入北京市的人口来自东部和中部地区的比重分别为43.83%和43.18%，东部比重略高于中部，二者相差不大；而迁入天津市的人口中，来自东部和中部的人口分别为49.90%和38.84%，东部高于中部。其次，南部沿海的人口迁移中心有上海、江苏、浙江、广东和福建，这些省份的迁移人口主要来自中部地区，迁移人口中来自中部地区的比重分别为51.20%、60.30%、55.18%、52.75%和45.81%。因此，可以看出，上述这几个省份是中部迁出人口最为集中的地区。

表 4 - 2 东部地区各省迁入人口的地域分布

单位：%

	东→东	中→东	西→东
北　京	43.83	43.18	12.99
天　津	49.90	38.84	11.27
河　北	31.69	52.64	15.67
辽　宁	20.72	71.27	8.02
上　海	33.03	51.20	15.77
江　苏	18.21	60.30	21.50
浙　江	12.31	55.18	32.51
福　建	14.10	45.81	40.09
山　东	27.10	57.99	14.91
广　东	22.81	52.75	24.44
广　西	44.36	38.26	17.38
海　南	36.89	40.11	23.01
东部总体	24.36	52.54	23.10

资料来源：根据《中国2000年人口普查资料》计算得出。

（二）中部地区

我国其他省份迁入中部地区的人口地域分布特征见表4－3。

一是中部地区的迁入人口主要来自东部地区，通过数据研究与分析发现：由东部迁入中部地区的人口迁移流向与由中部迁入东部地区的特征基本一致，只是方向相反。原因是：为了实现国家各区域经济协调发展，缩小区域间的经济发展差距，改变"中部塌陷"的经济发展状况，我国开始积极建设中部地区，实施新型城市化战略，提高城市化的质量和水平，实行产业和劳动力由东部地区向中部地区转移的"双转移"发展战略。而且，随着东部地区人口压力和生活成本不断上升，区域间的比较收益正在不断缩小，所以，在市场比较利益的驱使下，农民工回流的趋势也越来越明显。根据莱文斯坦（Ravenstein，1889）的迁移法则，迁移流的方向具有双向特征，所以，由东部地区迁入中部地区的这一迁移群体很可能是由迁移人口的回流导致的。除此之外，中部地区还有一定规模的迁入人口是来自本区域，而来自西部地区的迁移人口比重则相对较低。可见，近些年中部地区以"双转移"为特征的新型城市化发展道路取得了一定的成效，对人口的吸引作用有所增强。

二是中部偏南各省的迁移人口主要来自东部地区，而中部偏西和偏北地区的迁移人口则主要是由本区域内其他省份和一些东部地区的省份构成的。如中部偏南的安徽、江西、河南、湖北、湖南，迁入人口主要来自东部地区，其所占比重分别为62.55%、58.30%、42.13%、39.67%、53.39%，其中，安徽、江西和湖南的迁移人口来自东部和中部的比重相差较大，东部地区远远高于中部地区；而中部偏北的山西、内蒙古、吉林和黑龙江，迁入人口则主要来自中部和东部地区，其中，东北的吉林和黑龙江两省的迁移人口来自中部和东部的比重相差不大，但西部地区迁入人口的比重非常低。

表4-3 中部地区各省迁入人口的地域分布

单位：%

	东→中	中→中	西→中
山　西	36.36	42.62	21.03
内蒙古	31.84	37.23	30.93
吉　林	43.15	48.25	8.60
黑龙江	46.34	45.18	8.49
安　徽	62.55	23.81	13.64
江　西	58.30	27.96	13.73
河　南	42.13	36.72	21.14
湖　北	39.67	37.41	22.92
湖　南	53.39	28.00	18.61
中部总体	46.53	34.50	18.97

资料来源：根据《中国2000年人口普查资料》计算得出。

（三）西部地区

我国其他省份迁入西部各省份的人口地域分布特征见表4-4。

一是西部地区的迁入人口主要来自本区域，本区域内跨省迁移的人口比重达44.97%；此外，西部地区迁移人口来自东部和西部地区的人口分布较为平均，两个区域迁入西部地区的人口比重相差不大，分别为27.08%和27.95%。

二是西部地区10个省份中有8个省份的迁入人口主要来自

本区域，其中，重庆、云南、西藏、宁夏和新疆这几个省份的迁移人口中，有一半以上是来自本区域内部其他省份的。但是，贵州和陕西的迁移人口构成与西部其他省份不同。贵州的迁入人口主要来自东部的广东、浙江和西部地区的四川；陕西地处中西部交界，与人口迁出大省河南和四川相邻，迁入的人口主要来自中部地区的河南、山西和西部地区的四川。

表4－4 西部地区各省的迁入人口地域分布

单位：%

	东→西	中→西	西→西
重　庆	25.89	16.09	58.02
四　川	39.16	21.62	39.22
贵　州	39.21	27.12	33.66
云　南	23.49	25.79	50.72
西　藏	8.40	16.36	75.23
陕　西	26.04	43.41	30.56
甘　肃	26.06	34.83	39.12
青　海	20.93	30.79	48.29
宁　夏	18.17	30.49	51.34
新　疆	14.22	32.78	53.00
西部总体	27.08	27.95	44.97

资料来源：根据《中国2000年人口普查资料》计算得出。

三　迁移原因的地区差异

利用2005年我国1%人口抽样调查数据中关于省际人口迁移原因的数据，分析主导我国东、中、西三大区域各省份省际人口迁移的主要原因，得到如下结果，见表4－5。

首先，经济因素是我国省际人口迁移最为主要的原因，其次为社会因素。从我国省际人口迁移的全部原因来看，近些年，经济因素成为最主要的迁移原因。其中，因务工经商而迁移的人口比重高达73%，比重最高，而1987年我国1%人口抽样调查资料显示，仅有9.57%的人口是因务工经商而发生跨省际迁移的。自改革开放后，我国因务工经商而发生迁移的人口比重快速上升，所以，目前务工经商已经成为人口迁移最为重要的影响因素；还有一小部分的人口迁移是由社会因素导致的，如随迁家属、投亲靠友和婚姻嫁娶。除此之外，还存在一部分因工作调动、分配录用、出差而发生迁移的人口，但由于所占比重都非常小，所以，这里不加以考虑。

其次，不同性别迁移人口的迁移原因构成差异较大。其中，我国中部地区和西部地区迁移人口男女性别比重差别最大，因经济原因而迁移的男性比重远高于女性，而因社会原因，如随迁家属、投亲靠友和婚姻嫁娶迁移的女性比重远高于男性。

最后，东部地区人口迁入的主要原因是务工经商，而中部和西部地区的省际迁移人口中，该原因的比重则处于较低水平。比较全国各个地区人口迁移的原因，发现东部地区人口迁移中心迁移人口的迁移原因中，经济因素占很大比重，如广东、浙江、福建、上海、天津和北京是我国"六普"时期东部地区的人口迁移中心，这些省份中有60%以上的人口均是因为经济因素而迁入的。值得注意的是，东部地区主要人口迁移中心有一个共同特征，即人口越集中的核心地区，务工经商的人口比重越高，而随迁家属的人口比重相对越低。此外，西部地区的西藏和云南的人口迁入原因也有较高比重是经济因素，而因务工经商而迁入中部地区的人口比重相对最低。因此，东部地区越是迁移中心地区，因经济因素而迁移的比重越高，相反，随迁家属的比重却不高，这说明这些迁移人口中多数只是单纯的务工，很少有整个家庭集体迁移的。相反，中部地区的迁移人口随迁的比重相对较高。

表 4 - 5　我国东、中、西部区域省际人口迁移的主要原因

单位：%

		务工经商			随迁家属			投亲靠友			婚姻嫁娶		
			男	女		男	女		男	女		男	女
	平　均	78	83	72	8	7	10	6	5	7	3	1	6
东部地区	北　京	64	74	54	8	5	10	12	9	17	4	1	7
	天　津	62	68	56	15	12	17	6	5	7	4	1	8
	河　北	44	53	34	19	15	23	11	10	12	10	3	19
	辽　宁	50	59	40	19	14	24	16	15	17	8	3	13
	上　海	73	80	65	12	9	15	7	5	8	3	1	6
	江　苏	75	81	68	8	7	9	6	5	7	6	1	10
	浙　江	82	87	77	10	8	13	3	2	3	3	0	5
	福　建	82	87	76	8	6	11	3	3	4	3	0	5
	山　东	48	56	41	15	13	16	14	14	15	9	2	16
	广　东	88	90	85	4	3	5	3	2	4	1	0	2
	广　西	55	64	44	17	14	20	9	7	11	8	3	14
	海　南	56	65	44	24	16	31	9	8	11	8	1	7
中部地区	平　均	45	58	31	20	14	27	10	9	11	11	4	19
	山　西	44	62	24	25	16	35	5	5	6	12	3	23
	吉　林	39	52	26	22	15	28	12	12	11	10	5	16
	黑龙江	39	53	24	23	15	33	17	18	16	11	5	18
	内蒙古	46	60	31	27	16	39	7	7	7	7	2	13
	安　徽	45	61	29	15	11	19	10	8	12	17	4	31

续表

		务工经商			随迁家属			投亲靠友			婚姻嫁娶		
			男	女		男	女		男	女		男	女
中部地区	江 西	51	64	38	12	10	14	10	9	11	13	3	23
	河 南	42	49	31	18	15	22	13	12	15	8	3	15
	湖 北	47	56	35	19	15	23	10	8	12	9	5	15
	湖 南	54	63	44	11	8	13	11	10	13	10	3	18
平 均		51	60	40	19	15	24	10	8	12	8	4	14
西部地区	重 庆	42	54	30	14	13	16	11	10	13	18	7	29
	四 川	35	44	26	12	13	11	16	16	16	21	8	34
	贵 州	55	63	43	18	14	24	8	6	11	10	6	14
	云 南	62	69	52	21	15	29	7	5	9	4	4	4
	西 藏	79	83	74	12	9	15	2	1	3	1	1	1
	陕 西	52	58	43	18	14	23	7	6	9	5	2	9
	甘 肃	48	58	35	16	12	22	9	7	12	9	3	16
	青 海	56	67	42	19	13	27	6	4	8	6	3	10
	宁 夏	50	61	37	25	18	33	7	6	9	6	3	10
	新 疆	51	61	41	25	19	32	13	11	14	4	1	7
全国		73	79	67	10	8	12	7	5	8	4	1	7

资料来源：根据 2005 年全国 1% 人口抽样调查数据计算得出。

第二节　人口迁移与区域经济收入水平的关系分析

一　模型的建立与指数的经济含义

1. 模型的建立

许多经典的人口迁移理论都将地区收入差距作为影响人口迁移的主要因素；实际上，除了收入差距因素之外，距离因素对人口迁移的影响也是至关重要的。按照常规，距离会对人口迁移产生阻碍作用，距离越远，迁移成本越高，迁移动机越小。所以，对于这种地区间空间相互作用而产生迁移的研究，可以利用无制约引力模型来解释，模型公式如下：

$$M_{ij} = k \frac{w_i^{a_1} w_j^{a_2}}{d_{ij}^c} \qquad\qquad 公式1$$

M_{ij}为 i 地区迁入 j 地区的人口数；w_i 为迁出地 i 地区的人均国民收入水平；w_j 为迁入地 j 地区人均国民收入水平；a_1 和 a_2 为经济收入指数；d_{ij} 为人口迁出地 i 与人口迁入地 j 之间的空间距离；c 为距离指数。

2. 各指数的经济含义

a 是经济收入指数，代表迁出地 i 或迁入地 j 的地区经济收入水平对人口迁移的影响，a 越大，则区域经济收入发展水平对人口迁移的影响越大。一方面，从人口迁出地的经济收入 w_i 对人口迁移的影响看，若迁移人口由经济收入较低的地区迁入经济收入较高的地区，则迁出地的经济收入因素对人口迁移产生推排效应，这时 a_1 为负；相反，若迁移人口由经济收入较高的地区迁入经济收入水平较低的地区，则人口迁出地的经济收入因素对人口迁移产生激发效应，此时 a_1 为正。另一方面，人口迁入地的经济收入水平 w_j 越高，则会对迁移人口产生越强的吸引作用，人口迁入地的经济收入指数 a_2 越大。

c 为距离指数，代表迁入地与迁出地之间的距离对人口迁移的影响，c 越大，则地区间空间距离因素对人口迁移的影响力越大。由于距离因素也是影响人口迁移的主导因素之一，因此，虽然经济因素是最重要的因素，但迁入地和迁出地之间空间距离的大小也会在很大程度上影响人口迁移的决策。

二　人口迁移与迁出地经济收入水平的关系分析

（一）模型处理

由于研究各省份人口迁入到某一特定的地区时，人口迁入地的经济收入水平是不变的，所以，可以将 w_j 看作常数，将公式1化简，得到公式2：

$$M_{ij} = k^{'} \frac{w_i^{a_1}}{d_{ij}^{c_1}} \quad (k^{'} = k \times w_j^{a_2}) \qquad \text{公式2}$$

两边取对数得模型1：

$$\ln M_{ij} = \ln k^{'} + a_1 \ln w_i - c_1 \ln d_{ij}$$

（二）结果分析

利用模型1的对数模型分析人口迁出与迁出地经济收入水平的关系，结果如表4-6所示，通过分析该表得到如下结论。

第一，从人口迁入与迁出地经济收入关系模型的复相关系数看，仅有50%的地区自变量与因变量的关系系数超过0.6，关联性超过0.7的也仅占20%，因此，总的来说，方程整体的关联效果不是十分理想。

第二，从人口迁出经济收入指数 a_1 看，我国绝大多数省份的 a_1 值为负，说明多数人口迁出地是经济欠发达的地区，东、中、西部经济收入指数 a_1 小于零的省份占比分别为

83%、78%和44%。这说明迁入东、中、西部地区的人口中，分别有83%、78%和44%的迁移人口来自经济较为落后的地区，人口迁出地的经济收入水平对迁移人口起到推排作用。

第三，东部和中部区域有较多省份的迁移人口来自经济较为落后的地区，而西部地区更多的迁移人口来自经济发达的地区。观察各省人口迁出收入弹性 a_1 的大小，发现我国东部地区多数人口迁出指数绝对值均大于中部和西部地区，这说明迁入东部地区的人口受迁出地经济落后的影响非常大。其中，迁入浙江的人口受迁出地经济收入推排的影响最大，经济发展较落后地区的迁移人口多选择迁入东部地区，如浙江、福建、江苏、广东和上海等地；相反，我国西部地区一些省份和中部地区个别省份的迁移人口均来自经济较为发达的地区。例如，西部地区的贵州、陕西、西藏、云南、四川和中部地区的黑龙江、安徽，其人口迁出指数为正，说明这些省份的迁移人口来自经济发展水平较高的地区。

第四，迁入东部地区的人口受距离因素影响较大。观察全部距离指数，发现模型结果与理论预期完全一致，即距离与人口迁移变动方向相反。根据距离指数大小，能够判断距离因素对人口迁移影响程度的大小。首先，迁入东部各省份的人口多数来自毗邻的中部地区和东部地区的区域内部，东部地区的平均距离指数明显高于中部和西部地区，这说明迁入东部地区各省份的人口多数来自空间距离较近的省份。其中，人口迁移受距离因素影响最大的省份包括福建、广东、浙江和江苏，这些地区的绝大多数人口来自距离相对较近的周边省份。其次，西部地区的迁入人口主要是来自本区域内的其他省份，所以，西部地区的迁移人口受迁移距离因素的影响相对较小，尤其是新疆和四川两省，迁移距离指数最小，新疆和四川是西部地区迁入人口的主要聚集中心，因此，对于西部这一比较偏远的区域来说，这两大人口迁移中心的迁移人口受距离因素影响不大。

第五，比较我国各省人口迁出指数和距离指数，相对于各迁出地经济收入的推排作用来说，迁入地与迁出地的空间距离因素对人口迁移决策的影响更大。除了浙江之外，所有地区的迁移距离指数均大于经济收入指数。因此，距离因素为影响人口迁移决策的首要因素。

表 4 - 6 人口迁入与迁出地经济收入水平之间的关系

地 区		a_1	c_1	R
东部地区	北 京	- 0.415	- 1.178	0.612
	天 津	- 0.832	- 1.335	0.626
	河 北	- 0.232	- 1.125	0.622
	辽 宁	- 0.426	- 1.661	0.679
	上 海	- 0.951	- 1.736	0.691
	江 苏	- 1.457	- 1.725	0.713
	浙 江	- 2.010	- 1.837	0.662
	福 建	- 1.642	- 2.194	0.667
	山 东	- 0.501	- 0.975	0.448
	广 东	- 1.137	- 2.046	0.691
	广 西	0.113	- 1.061	0.472
	海 南	0.092	- 1.380	0.565

	地 区	a_1	c_1	R
中部地区	山 西	−0.258	−0.966	0.421
	吉 林	−0.001	−1.212	0.705
	黑龙江	0.214	−1.314	0.710
	内蒙古	−0.470	−1.665	0.544
	安 徽	0.001	−1.461	0.700
	江 西	−0.059	−1.448	0.737
	河 南	−0.209	−1.039	0.579
	湖 北	−0.059	−1.449	0.692
	湖 南	−0.216	−1.491	0.718
西部地区	四 川	0.023	−0.630	0.353
	贵 州	0.557	−1.613	0.591
	云 南	0.053	−1.303	0.526
	西 藏	0.168	−2.549	0.541
	陕 西	0.277	−1.130	0.599
	甘 肃	−0.097	−0.656	0.466
	青 海	−0.181	−0.650	0.494
	宁 夏	−0.107	−1.296	0.494
	新 疆	−0.337	−0.455	0.164

资料来源：《中国统计年鉴2011》《中国2010年人口普查》。

三 人口迁移与迁入地经济收入水平的关系分析

（一）模型处理

由于研究某一特定省份的迁移人口迁出到全国其他地区时，人口迁出地的经济收入水平是不变的，所以，可以将 w_i 看作常数，将公式1化简，得到公式3：

$$M_{ij} = k \frac{w_i^{a_1} w_j^{a_2}}{d_{ij}^{c_2}} = k'' \frac{w_j^{a_2}}{d_{ij}^{c_2}}; \quad (k'' = k w_i^{a_1}) \qquad 公式3$$

两边取对数得到模型 2：

$$\ln M_{ij} = \ln k^{''} + a_2 \ln w_j - c_2 \ln d_{ij}$$

（二）结果分析

将公式 3 取对数后得到人口迁出与迁入地经济收入水平关系的模型，根据该模型分析变量之间的关系，模型输出结果如表 4-7 所示，通过研究比较表中的系数，得到如下结论。

一是比较模型 1 和模型 2 的复相关系数，可以看出，模型 2 自变量与因变量之间的相关关系更强。其中，中部地区和东部地区模型的相关性最强，两个地区相关性超过 0.7 的省份比重均在 80% 以上，而西部地区则较弱，仅有 22% 的省份超过 0.7。

二是从人口迁入地经济收入指数看，中部地区的人口迁出受迁入地经济收入水平的影响最大，说明中部地区的迁出人口受其他地区收入的吸引作用较强。然而，东部地区经济收入水平较高的地区，如上海、浙江、广东等省市的迁出人口，受其他地区经济收入水平的影响最小，这些地区的人口不太可能因为其他地区经济收入水平高的吸引而发生迁移。

三是我国各省份的人口迁移与距离因素的相关关系存在明显的差异。东、中、西三大区域中，西部地区绝大多数省份的迁出人口受距离因素的影响较小，这也与西部地区地处偏远地带，与我国经济发达省份的空间距离较远有关；东部地区有一半以上省份的迁出人口受空间距离影响较大，其他省份受影响较小，其中，江苏以南地区的迁出人口受距离因素影响较大，而北部沿海的辽宁、天津、山东等地区的人口迁出受距离影响

表4-7 人口迁出与迁入地经济收入水平的关系

地 区		a_2	c_2	R
东部地区	北 京	1.112	−0.418	0.658
	天 津	1.222	−0.715	0.796
	河 北	1.583	−0.842	0.889
	辽 宁	1.584	−0.801	0.833
	上 海	0.245	−1.532	0.752
	江 苏	1.145	−1.206	0.831
	浙 江	0.215	−1.200	0.740
	福 建	1.029	−1.561	0.747
	山 东	2.000	−0.451	0.873
	广 东	0.718	−2.131	0.678
	广 西	1.302	−2.025	0.753
	海 南	1.576	−1.934	0.801
中部地区	山 西	1.741	−1.429	0.763
	吉 林	1.820	−1.085	0.809
	黑龙江	2.120	−1.038	0.838
	内蒙古	1.680	−1.053	0.751
	安 徽	1.900	−1.138	0.874
	江 西	1.613	−1.659	0.778
	河 南	1.979	−0.449	0.767
	湖 北	1.582	−1.032	0.703
	湖 南	1.186	−1.632	0.697
西部地区	四 川	1.588	−0.808	0.470
	贵 州	2.526	−1.845	0.692
	云 南	2.026	−1.430	0.574
	西 藏	1.232	−2.054	0.471
	陕 西	2.164	−0.389	0.613
	甘 肃	1.806	−0.922	0.744
	青 海	0.799	−0.607	0.539
	宁 夏	1.632	−0.993	0.710
	新 疆	1.175	−0.337	0.570

资料来源:《中国统计年鉴2011》《中国2010年人口普查》。

较小;中部地区除河南距离指数较低之外,其他各省人口的迁出受空间距离因素影响较大,这也符合客观事实。由于"六普"

时期，河南省的迁出人口主要迁入广东和长三角地区，空间距离相对较远，其他地区，如湖南、湖北两省的迁出人口主要迁入空间距离相对较近的广东或浙江，所以，迁移距离指数相对较小。

四是迁入地的经济收入水平对人口的拉动作用大于空间距离因素的阻碍作用。我国绝大多数地区人口迁入地的经济收入水平指数均高于迁入、迁出地空间距离指数。其中，距离指数和经济收入指数相差较大的包括上海、广东、浙江、广西和西藏。由于上海、广东和浙江是我国的人口迁移中心，对人口的吸引作用较强，所以受其他地区经济收入影响而迁出的可能性相对较低；而广西和西藏由于地处偏远地区，两个地区的迁移人口受距离因素影响非常大，所以，其他地区经济收入对迁移人口的吸引力相对较小，迁移人口倾向选择距离较近的地区，如广西的迁出人口主要迁入广东，而西藏的迁出人口则主要迁入四川。

四　迁入地与迁出地人口迁移收入指数的比较分析

除了比较人口迁入地或者迁出地的地区经济收入水平指数和距离指数的大小关系之外（即比较 a 和 c 的大小），还可以比较人口迁入地与人口迁出地经济收入水平指数（即比较 a_1 和 a_2 的大小），以及人口迁入与人口迁出的距离指数（即比较 c_1 和 c_2 的大小）。$a_1 > a_2$ 说明迁出地经济对迁移人口的推排－激发作用大于迁入地经济收入水平对人口的吸引作用，反之亦然。各省经济收入指数结果如表4－8所示。

表 4 - 8　迁入地、迁出地经济收入指数的比较

地　区		a	主要作用
东部地区	北　京	$a_1 < a_2$	迁入地吸引作用
	天　津	$a_1 < a_2$	迁入地吸引作用
	河　北	$a_1 < a_2$	迁入地吸引作用
	辽　宁	$a_1 < a_2$	迁入地吸引作用
	上　海	$a_1 > a_2$	迁出地激发作用
	江　苏	$a_1 > a_2$	迁出地激发作用
	浙　江	$a_1 > a_2$	迁出地激发作用
	福　建	$a_1 > a_2$	迁出地激发作用
	山　东	$a_1 < a_2$	迁入地吸引作用
	广　东	$a_1 > a_2$	迁出地激发作用
	广　西	$a_1 < a_2$	迁入地吸引作用
	海　南	$a_1 < a_2$	迁入地吸引作用
中部地区	山　西	$a_1 < a_2$	迁入地吸引作用
	吉　林	$a_1 < a_2$	迁入地吸引作用
	黑龙江	$a_1 < a_2$	迁入地吸引作用
	内蒙古	$a_1 < a_2$	迁入地吸引作用
	安　徽	$a_1 < a_2$	迁入地吸引作用
	江　西	$a_1 < a_2$	迁入地吸引作用
	河　南	$a_1 < a_2$	迁入地吸引作用
	湖　北	$a_1 < a_2$	迁入地吸引作用
	湖　南	$a_1 < a_2$	迁入地吸引作用
西部地区	四　川	$a_1 < a_2$	迁入地吸引作用
	贵　州	$a_1 < a_2$	迁入地吸引作用
	云　南	$a_1 < a_2$	迁入地吸引作用
	西　藏	$a_1 < a_2$	迁入地吸引作用
	陕　西	$a_1 < a_2$	迁入地吸引作用
	甘　肃	$a_1 < a_2$	迁入地吸引作用
	青　海	$a_1 < a_2$	迁入地吸引作用
	宁　夏	$a_1 < a_2$	迁入地吸引作用
	新　疆	$a_1 < a_2$	迁入地吸引作用
全　国		$a_1 < a_2$	迁入地吸引作用

从全国平均水平看，绝大多数地区人口迁入地的经济收入水平对迁移人口的吸引力要大于人口迁出地的经济收入水平对人口迁出的推排－激发作用，即我国省际人口迁移受经济收入因素的影响以吸引作用为主。仅有广东、福建和上海、江苏、浙江的 $a_1 > a_2$，这些地区是我国人口迁移中心，根据莱文斯坦的迁移法则，由于迁移流的方向是双向的，所以，越是迁移人口集中的地区，人口的流动性就越强，迁出人口受区域经济的激发作用相对较大。

第三节　人口迁移与区域经济规模及收入水平的关系分析

衡量经济发展水平对人口迁移的影响，仅通过分析地区经济收入水平差距变量还不够深入。下面将进一步引入经济规模变量。经济规模主要指经济的综合容量，包括资产规模、市场规模、经济当量，以及各产业的规模。[①] 经济规模的大小可以决定该地区的人口承载能力。

加入迁入地与迁出地经济规模因素后，模型变为：

$$M_{ij} = k \frac{w_i^{a_1} w_j^{a_2} E_i^{b_1} E_j^{b_2}}{d_{ij}^{c}} \qquad 公式4$$

E_i 和 E_j 分别为迁出地与迁入地的经济规模；b_1 和 b_2 分别为迁出地与迁入地的经济规模指数，若 $b_1 > b_2$ 则说明迁出地经济

---

① 陈红霞：《土地集约利用背景下城市人口规模效益与经济规模效益的评价》，《地理研究》2012 年第 10 期。

规模大于迁入地经济规模对人口迁移的影响，迁出地经济规模对人口迁移起到供给、推动作用，相反，若 $b_1 < b_2$ 则迁入地经济规模对迁移人口主要起吸引作用。其他变量的意义如前所述。

一 人口迁入方面

（一）模型处理

在研究各省人口迁入到某一特定的地区时，由于人口迁入地的经济收入水平和经济规模是不变的，所以，可以将 w_j 和 E_j 看作常数，将公式4简化，得到公式5：

$$M_{ij} = \mu \frac{w_i^{a_1} E_i^{b_1}}{d_{ij}^{c_1}}; \quad (\mu = kw_j^{a_2} E_j^{a_2}) \qquad \text{公式 5}$$

两边取对数得到模型3：

$$\ln M_{ij} = \ln\mu + a_1 \ln w_i + b_1 \ln E_i - c_1 \ln d_{ij}$$

（二）结果分析

将公式5取对数后得到迁入人口与迁出地经济收入水平、迁出地经济规模关系的模型，利用该模型分析各变量之间的关系，得到结果如表4－9所示，根据此表显示的各参数值，可以得到如下几个主要结论。

一是加入经济规模变量后，模型各变量的关联关系明显提高，有27个省的模型的关联系数提高到0.7以上。

表 4 – 9　迁入人口与迁出地经济收入水平和经济规模的关系

地 区		a_1	c_1	b_1	R
东部地区	北　京	−1.564	−0.982	1.058	0.929
	天　津	−1.863	−1.139	0.953	0.876
	河　北	−0.870	−0.932	0.688	0.797
	辽　宁	−1.391	−1.582	0.917	0.894
	上　海	−1.868	−1.003	1.134	0.923
	江　苏	−2.210	−1.127	1.036	0.932
	浙　江	0.084	−0.152	0.703	0.932
	福　建	−1.140	−1.004	0.721	0.932
	山　东	−0.527	−0.764	0.400	0.643
	广　东	−1.793	−1.702	0.744	0.892
	广　西	−0.357	−0.700	0.605	0.808
	海　南	−0.427	−0.665	0.600	0.808
中部地区	山　西	−1.308	−0.666	1.073	0.836
	吉　林	−0.817	−1.121	0.777	0.910
	黑龙江	−0.657	−1.215	0.825	0.934
	内蒙古	−1.997	−2.195	1.181	0.884
	安　徽	0.376	−0.678	0.531	0.906
	江　西	−0.080	−1.112	0.350	0.831
	河　南	−0.015	−0.455	0.433	0.613
	湖　北	−0.240	−0.965	0.415	0.856
	湖　南	−0.438	−1.126	0.399	0.847
西部地区	四　川	0.716	−0.861	0.720	0.774
	贵　州	−0.976	−1.356	1.320	0.930
	云　南	−1.132	−1.473	1.105	0.933
	西　藏	0.719	−3.763	1.148	0.773
	陕　西	−0.907	−1.095	0.560	0.811
	甘　肃	−0.796	−1.101	0.707	0.813
	青　海	−1.082	−1.409	1.005	0.834
	宁　夏	−1.389	−1.936	1.236	0.917
	新　疆	−1.492	−0.468	1.098	0.600

二是迁出地的经济规模对人口迁移影响的关联系数均为正，说明人口迁出地的经济规模对迁移人口产生正向的推排作用。人口迁出地的经济规模不同，对迁移人口的影响也会不同。其中，迁入西部地区的人口受迁出地经济规模的影响最大，即迁入西部地区的人口多是来自经济规模较大的地区。

三是迁出地经济收入因素对人口迁移的负向影响大于经济规模因素对人口迁移的正向影响。其中，迁出地经济收入水平与人口迁移的关联系数平均值为 -0.85，迁出地经济规模与人口迁移的关联系数为 0.81。说明迁出地经济收入水平低是推动人口迁出的主要原因。

四是迁入东部地区的人口受迁出地经济收入水平影响最大，中部和西部地区的迁入人口则受空间距离的影响最大。比较经济收入指数、距离指数和经济规模指数，发现东部地区平均经济收入指数为 -1.16，高于距离指数和经济规模指数；中部和西部地区平均距离指数最高，分别为 -1.06 和 -1.50。这是由于东部地区经济收入水平较高，与人口迁出地的收入差距较大。收入变量与经济规模和空间距离因素相比，较高的收入对人口的吸引作用更强。所以，东部地区的迁入人口更多的是来自经济收入水平较低的地区，迁入东部地区的目的主要是能够提高收入水平、改善生活条件。

二　人口迁出方面

（一）模型处理

由于研究某一特定地区的人口迁出时，人口迁出地的经济收入水平和经济规模是不变的，所以，可以将 w_i 和 E_i 看作常数，将公式 4 化简，得到公式 6。

$$M_{ij} = \mu' \frac{w_j^{a_2} E_j^{b_2}}{d_{ij}^{c_2}} \quad (\mu' = k w_i^{a_1} E_i^{a_1}) \qquad \text{公式 6}$$

两边取对数得到模型 4：

$$\ln M_{ij} = \ln \mu' + a_2 \ln w_j + b_2 \ln E_j - c_2 \ln d_{ij}$$

（二）结果分析

将公式 6 取对数后得到人口迁出地和迁入地经济收入水平、迁入地经济规模关系的模型，利用该模型分析各变量之间的关系，输出结果如表 4 - 10 所示，通过观察该表能够得到如下结论。

一是模型拟合效果较好，各变量的复相关系数较高，仅有 2 个省的复相关系数低于 0.7。

二是迁入地经济规模与人口迁移的关联系数均为正，这说明人口迁入地的经济规模对迁移人口能够产生吸引作用。另外，从经济规模指数大小看，各个省份的经济规模对人口迁入的影响作用也不相同。我国西部地区的经济规模指数相对最高，这表明西部地区迁出的人口均选择经济规模较大的省份作为迁移目的地。

三是迁入地经济收入对人口迁移吸引作用大于迁入地经济规模因素对人口迁移的影响。模型结果显示，全国平均经济收入指数为 0.81，平均经济规模指数为 0.66。从东、中、西各区域经济收入水平和经济规模对迁移人口的影响看，中部和西部

表 4 – 10　迁出人口与迁入地经济收入水平和经济规模的关系

地　区		a_2	c_2	b_2	R
东部地区	北　京	0.301	– 0.280	0.747	0.904
	天　津	0.511	– 0.566	0.657	0.929
	河　北	1.279	– 0.750	0.329	0.916
	辽　宁	0.939	– 0.748	0.613	0.937
	上　海	0.298	– 1.098	0.671	0.846
	江　苏	0.762	– 0.903	0.526	0.895
	浙　江	0.272	– 0.895	0.611	0.868
	福　建	0.320	– 1.101	0.686	0.868
	山　东	1.560	– 0.231	0.564	0.948
	广　东	0.257	– 1.861	0.899	0.835
	广　西	0.559	– 1.596	0.639	0.809
	海　南	0.518	– 1.353	0.825	0.932
中部地区	山　西	1.170	– 0.265	0.585	0.866
	吉　林	1.008	– 0.795	0.773	0.924
	黑龙江	1.386	– 0.955	0.695	0.916
	内蒙古	0.746	– 1.377	0.723	0.870
	安　徽	1.510	– 0.767	0.547	0.890
	江　西	0.971	– 1.237	0.651	0.832
	河　南	1.426	– 0.123	0.578	0.844
	湖　北	0.872	– 0.554	0.651	0.805
	湖　南	0.529	– 1.284	0.570	0.761
西部地区	四　川	0.910	– 1.019	0.661	0.612
	贵　州	1.252	– 1.632	1.021	0.855
	云　南	0.930	– 1.588	1.022	0.848
	西　藏	0.797	– 3.013	0.906	0.755
	陕　西	1.164	– 0.334	0.889	0.775
	甘　肃	1.688	– 0.997	0.119	0.748
	青　海	0.439	– 0.785	0.401	0.670
	宁　夏	1.013	– 1.302	0.596	0.810
	新　疆	0.596	– 0.942	0.758	0.773

地区经济收入指数高于经济规模指数,而东部地区的经济规模指数高于经济收入指数。这表示中部和西部地区的人口迁出是受其他地区较高的经济收入的吸引作用,而东部地区的迁出人口则倾向迁入经济规模较大的地区。经济规模越大,对迁移人口的拉动作用越大。例如,云南、贵州和西藏的经济规模较小,但经济规模指数较高,说明这些省份的经济规模与人口迁入地经济规模差距较大,人口迁出受迁入地经济规模的拉动作用较大。

四是东、中、西各区域经济收入、距离和经济规模对人口迁出的影响存在较大差异。西部地区的迁出人口受距离因素影响最大,其次是迁入地经济收入水平;中部地区作为主要的人口迁出地,迁出人口追求的是更高的经济收入,其次才考虑空间距离和经济规模,例如,安徽、河南、湖北这些人口迁出大省人口迁出的原因主要是受迁入地经济收入的影响;东部地区经济最发达,所以收入水平对人口迁出的影响最小,而空间距离因素对人口迁移的影响最大,如上海、广东、江苏、浙江、福建这些人口迁移中心地区的人口迁出受距离因素影响最大,而受其他地区收入水平影响则非常小;北京市较为特殊,其迁出人口受迁入地经济规模的影响非常大,而受收入水平和距离因素的影响则非常小。

三 迁入地与迁出地经济规模指数的比较分析

在模型中引入经济规模变量后,可以比较迁入地和迁出地经济规模对人口迁移的影响,比较我国东、中、西区域各省份人口迁入地和迁出地的经济规模对人口迁移的影响,结果如表4-11所示。

表 4-11　迁入地、迁出地经济规模指数的比较

地　区		b	主要作用
东部地区	北　京	$b_1 > b_2$	迁出地供推效应
	天　津	$b_1 > b_2$	迁出地供推效应
	河　北	$b_1 > b_2$	迁出地供推效应
	辽　宁	$b_1 > b_2$	迁出地供推效应
	上　海	$b_1 > b_2$	迁出地供推效应
	江　苏	$b_1 > b_2$	迁出地供推效应
	浙　江	$b_1 > b_2$	迁出地供推效应
	福　建	$b_1 > b_2$	迁出地供推效应
	山　东	$b_1 < b_2$	迁入地吸引效应
	广　东	$b_1 < b_2$	迁入地吸引效应
	广　西	$b_1 < b_2$	迁入地吸引效应
	海　南	$b_1 < b_2$	迁入地吸引效应
中部地区	山　西	$b_1 > b_2$	迁出地供推效应
	吉　林	$b_1 > b_2$	迁出地供推效应
	黑龙江	$b_1 > b_2$	迁出地供推效应
	内蒙古	$b_1 > b_2$	迁出地供推效应
	安　徽	$b_1 < b_2$	迁入地吸引效应
	江　西	$b_1 < b_2$	迁入地吸引效应
	河　南	$b_1 < b_2$	迁入地吸引效应
	湖　北	$b_1 < b_2$	迁入地吸引效应
	湖　南	$b_1 < b_2$	迁入地吸引效应
西部地区	四　川	$b_1 > b_2$	迁出地供推效应
	贵　州	$b_1 > b_2$	迁出地供推效应
	云　南	$b_1 > b_2$	迁出地供推效应
	西　藏	$b_1 > b_2$	迁出地供推效应
	陕　西	$b_1 < b_2$	迁入地吸引效应
	甘　肃	$b_1 < b_2$	迁入地吸引效应
	青　海	$b_1 > b_2$	迁出地供推效应
	宁　夏	$b_1 > b_2$	迁出地供推效应
	新　疆	$b_1 > b_2$	迁出地供推效应
	全　国	$b_1 > b_2$	迁出地供推效应

　　首先，迁出地经济规模对人口迁移的影响指数平均值为0.81，迁入地经济规模对人口迁移的影响指数平均值为0.66，迁出地经济规模对迁移人口的供给－推动效用大于迁入地经济规模对迁移人口的吸引作用。事实证明，该结论是正确的。所以，我国许多迁出人口规模较大地区的经济规模也较大。如河南、湖南、湖北、安徽是我国人口迁出核心地区，这些地区的经济规模均在中部地区前4名以内，东部地区的广东是我国经济规模最高的省，同时也是迁移人口流动性最大的地区。

　　其次，进一步从各区域经济规模与人口迁移关系看，虽然总体上西部地区的人口迁出地经济规模对人口的供推效应大于迁入地经济规模的吸引效应，但是，二者相差不大，仅有两个省份是供推效应大于吸引效应。这两个省份为陕西和甘肃，说明这两个省份的迁出人口受迁入地经济规模的吸引作用较大。中部地区的安徽、江西、河南、湖北和湖南，这些地区迁入地经济规模指数大于迁出地经济规模指数，说明这些地区作为主要人口迁出地，迁出的人口受迁入地经济规模的吸引作用较大，而受迁出地经济规模的供推作用较弱。

第四节　总结

　　早在17世纪，威廉·配第就从经济发展的角度分析了人口迁移的原因。此后，该研究得到许多学者的证实，对此问题做进一步深入的研究解析。经证实经济因素是影响人口迁移最为主要的因素，这一点已经毋庸置疑。但是，不同的经济因素对人口迁移的影响却存在差异。因此，本节将迁入地与迁出地的经济收入和经济规模作为影响人口迁移的经济因素。根据上述分析，得到如下几点主要结论。

一是经济收入因素对人口迁移的影响主要是以迁入地经济收入的吸引作用为主，其次是迁出地的经济收入对人口的推排作用。这说明目前我国省际人口迁移的原因主要是地区间的经济收入差距使人们产生了迁移动机，人们为了追求更高的生活质量而发生迁移。所以，经济发达地区的空间分布在很大程度上决定了人口迁移的空间流向。

二是人口迁出地经济发展水平不同，对人口迁出的作用也不同。经济发展水平较高的地区主要是对人口迁移发挥了激发作用，而经济发展水平较低的地区则对人口迁出产生推排作用。人口迁出地的经济发展水平对我国东、中、西各区域的人口迁移的影响不同：西部地区的迁入人口主要来自经济较为发达的地区，人口迁出地经济收入对迁入西部地区的人口产生激发作用；而迁入东部地区和中部地区的人口主要来自经济较为落后的地区，受迁出地经济收入推排作用的影响较大。

三是追求更高的收入是主导省际人口迁移最为直接的原因，迁入地和迁出地的经济收入因素对人口迁移的影响均大于经济规模的影响，所以，21世纪以后，我国人口迁出的目的在更大程度上是为了改善生活状况，提高收入水平。对于迁出中西部地区的人口来说，其他地区经济收入水平的吸引均大于经济规模的影响，迁入东部地区的人口均倾向于选择经济收入水平较高的省份。

第五章

结论与政策建议

第一节　主要结论

一　省际人口迁移特征

21世纪以来，我国整体人口迁移规模呈迅速扩大的趋势，尤其是跨省范围的人口迁移规模正成倍增长。东部地区仍是我国迁移人口的聚集地，而且对迁移人口的吸引作用呈增强趋势。迁入东部地区的人口多是来自空间距离相对较远的其他省份，而迁入中部或西部地区的人口更倾向于在本省范围内活动。男性迁移的活跃性高于女性，尤其是省际迁移，15～59岁劳动年龄阶段的迁移人口中男性多于女性，省际迁移人口性别比省内高，但省内迁移人口男性和女性数量规模相差不大。总的来说，虽然省内迁移仍为主要的人口迁移模式，但是，省内范围的人口迁移多为非正式的人口迁移，迁移规模会随着年龄的上升而快速下降，而省际人口迁移相对来说更具有稳定性。

从省际迁移人口的职业构成看，我国多数迁移人口的行业分布集中在制造业和商业服务业。其中，从事生产及运输设备操作行业的人员比重出现明显下降，而从事商业服务业的比重在"六普"时期出现明显上升。东部地区省际迁移人口从事制造业和商业服务业的人数居多，人口迁移的主要原因是务工经商；中部和西部地区迁移人口职业构成在"六普"时期的变化较大，两大区域从事农林牧渔业的人员比重均出现大幅下降。此外，中部地区从事生产及运输设备操作和商业服务业的比重大幅上升，西部地区与其他地区差别较大，从事专业技术行业和国家机关的人口比重较高，还有大量的迁移人口在党群组织、企事业单位工作。

从省际迁移人口的文化素质水平看。未受过教育和受过初等教育的省际迁移人口规模继续扩大，受过中等教育的人口流动性最强，而高学历的迁移人口跨省迁移的倾向明显减弱，迁移人口多数选择在本省范围近距离的迁移，而受过初等教育的迁移人口则更倾向于跨省迁移。

从省际迁移人口的迁移原因看。因务工经商而迁移的人口比重最高，迁移原因较单一；而省内范围的迁移人口除了务工经商之外，因投亲靠友、学习培训和工作调动而迁移的人口也较多。"五普"和"六普"两段时期相比，省际迁移人口因经济因素而迁移的规模呈迅速扩大的趋势，而因社会文化因素迁移的人口比重则呈下降趋势。

从人口迁移中心和迁移中心所吸引的地区分布看，"六普"时期，我国人口迁移中心和被吸引地区出现了新的变化。"六普"之前，我国人口迁移中心为北京、广东、上海、新疆、浙江，进入21世纪以后，上海、北京、浙江、广东、天津成为我国新的人口迁移中心。在这几大迁移中心中，环渤海经济圈的人口迁移模式主要是区域内部各省之间近距离的人口迁移，如北京和天津的迁移人口多来自河南、河北和山东，而长三角地区和珠三角地区对迁移人口的辐射作用较强，迁移人口多来自距离相对较远的省份；虽然，新疆仍是西部地区人口迁入规模最大的地区，但是，"六普"时期，其对人口的吸引作用大大降低，已不再是我国的人口迁移中心。"六普"时期，我国人口迁移中心所吸引地区的地位排名也发生了改变，新的人口被吸引地区包括安徽、河南、四川、湖南和湖北，这些地区迁出的人口均主要流入我国的人口迁移中心。

二　省际人口迁移与区域经济发展的关系

从省际人口迁移及其相关变量的相关关系看，人口迁出规模与当地的人口规模、学生数量、工资水平和耕地面积之间存在十分密切的相关关系；人口迁入与迁入地的经济发展水平、工资水平、经济的外向程度、就业机会的多少、失业率及气候条件关系密切。这说明人口规模较大、人口整体受教育水平较高，而工资水平相对较低，农业人口比重相对较高的地区迁出的人口越多；而经济越发达、对外开放程度越大、就业机会越多、失业率越低、工资水平越高，而且气候条件良好的地区迁入的人口可能越多。

根据偏相关分析，能够找到影响人口迁入地与迁出地经济最独立的因素。推动迁入地经济发展应将注意力放在扩大投资规模上，而推动迁出地经济发展可以通过提高地区经济规模、人口城镇化水平和人们的收入水平，缩小收入差距，降低人力资本的流失，为地区经济发展提供充足的劳动力。

三 省际人口迁移对经济的影响

首先，从人口迁入对迁入地经济的影响看，与其他变量相比，人口的迁入对迁入地经济发展贡献最大，此外，第三产业的从业人口数、投资水平和地区总人口对迁入地经济影响也较大。因此，推动人口迁入地经济发展最为有效的途径包括：提高人口迁入规模、发展第三产业、加大投资力度和提高城镇化水平。

其次，从人口迁出对迁出地经济的影响看，直接投资对迁出地经济影响最大，第二产业就业人数对经济的影响也较大。但是，人口的迁出对迁出地的经济影响不大。因此，推动迁出地经济发展可以通过加大投资力度、扩大第二产业规模和提高就业水平。

四 经济发展对省际人口迁移的影响

从人口迁移与工资水平和地区国民生产总值的变动关系看，人口的迁入与迁入地的经济发展水平变动方向一致，人口迁出与迁出地工资水平的关联关系最密切，工资水平越低，迁出人口越多。

通过修正引力模型，逐步引入新的变量，检测模型的拟合效果。得到一些地区经济发展水平和存在的发展差距对人口迁移影响的结论。首先，距离因素是影响人口迁移的重要因素之一，迁移距离越远，迁移的积极性越低；其次，迁出地的经济与迁入地经济对人口迁移的影响作用相差不大，但迁入地经济对人口的吸引作用相对大于迁出地经济对人口的推排作用。所以，地区经济发展差距是形成人口迁移的根源。除此之外，也不能忽视迁移储备变量对人口迁移的影响，该变量对人口迁移的影响仅次于迁入地经济发展水平对人口迁移的影响。这就意味着地区经济发展差距首先使人们产生了迁移的想法，然后，人们会选择向那些比较利益更大，并且存在一定社会网络关系的城市发展，而不是盲目地迁移。

五　东、中、西区域人口迁移的地区差异

首先，我国东、中、西区域省际人口迁移的地区差异较大。东部地区的总迁入人口主要来自于中部地区；中部地区的迁入人口有很大一部分是过去迁入东部的回乡流构成的；西部地区的人口迁移则主要是本区域内部各省份之间的流动。

其次，从三大区域的人口迁移与区域经济发展的关系看，迁入地的经济收入对人口的吸引作用大于迁出地收入水平和经济规模对人口的推排作用。说明人口迁移的目的主要是获得更高的收入，提高生活水平。其中，迁入东部地区的人口主要是受东部较高的收入所吸引，加上人口迁出地收入水平较低，迁移人口为了获得更高的收入，改善生活条件，则选择离开家乡，迁入东部地区那些收入水平较高的省份；中部和西部地区的迁

入人口主要来自经济较为发达的地区，迁入人口倾向于选择经济规模较大的省份，而迁出人口主要迁入经济收入水平较高的地区。

最后，从东、中、西区域省际人口迁移的原因看，我国因务工经商而迁移的人口最多，且男性数量要多于女性。中部地区和西部地区因务工经商而迁移的人口性别比差距最大，男性迁移人口远多于女性；虽然，中部和西部地区的迁入人口因务工经商而迁移的比重最高，但是与东部地区相比则较低，而因家庭因素迁移的比重相对较高，女性比重远高于男性，迁移人口性别差距较大。

第二节 人口迁移与区域经济发展面临的问题

一 人口分布集中，人口与地区经济发展不协调

我国东、中、西三大区域人口地理集中与经济地理集中分布不平衡，其中西部地区和东部地区最为明显，这意味着我国多数地区人口规模与经济发展水平不协调。我国一半以上的人口均集中在中部地区，中部地区的劳动力资源极为丰富，但相对于经济集中度而言，人口集中度过高，人口规模与经济发展水平不协调，失业率较高。所以，有劳动能力、有技能的劳动力倾向于向东部沿海地区迁移，中西部地区的人力资本流失严重。然而，东部地区经济最为发达，人口极化作用小于生产的极化作用，所以，人口集中程度相对于产业的集中仍有提升的

空间。中西部地区目前正面临"西部大开发"和"中部崛起"，需要大量的知识技能型人才。因此，建设中西部地区、缩小区域经济发展水平差距就需要发展经济、留住人才，提高经济对人口的承载能力，缩小人口集中度与经济集中度之间的差距。

二 第一产业人口比重过高，人口就业结构不合理

我国三次产业就业结构不合理，第一产业就业比重过高，2010 年第一产业就业比重达 48.34%，尤其是中部和西部地区，第一产业就业比重已经分别高达 55.83%，62.13%。但是，从各产业对国内生产总值的贡献看，第一产业对国内生产总值的贡献最低，低于世界其他农业大国。例如，印度、巴西、澳大利亚均是世界主要的农业大国，这些国家的第一产业对国内生产总值的贡献率分别为 8.6%、6.5%、4.2%，均高于我国的 3.9%。虽然，我国第一产业从业人员最多，但对经济的贡献小，这说明我国目前农业技术水平较低、农业生产率不高，存在农业剩余劳动力资源浪费的现象，丰富的劳动力资源未能有效支持二、三产业的发展。

三 迁移人口文化素质不高，不利于经济的可持续发展

首先，从省际迁移人口的文化素质看，与日本和韩国相比，我国迁移人口的文化素质水平普遍偏低。具有中等文化素质的迁移人口比重不足 20%，中等教育和高等教育的迁移人口比重仅为 17.3% 和 12.7%，而 2000 年日本和韩国受过中等和高等教育的比重已经分别达到 47.7% 和 35.0%、43.5% 和

24.0%。其次，再从省际迁移人口的文化素质结构构成看，受过中等教育的迁移人口比重较高，但受过高等教育迁移人口的比重较低。而且，省际迁移人口中未受过教育和受过初等教育的迁移人口比重呈上升趋势，高等教育比重则呈下降趋势。所以，鉴于目前我国正处于经济快速发展及经济转型的阶段，人口劳动力的文化素质水平可能无法满足经济可持续发展需要。尤其是在建立东、中、西三大地带产业联动机制的大背景下，东部地区的产业升级需要大量的、有专业技能的、受过高等教育的人才，同时，中、西部地区需要承接东部地区转移的产业，对普通劳动力和专业技术人员的需求也将大幅上升。但是，目前这种人口迁移的模式和迁移人口素质结构与区域经济发展战略存在矛盾，若这种迁移模式持续下去，将可能导致东部地区出现劳动力结构性供需失衡，中部地区劳动力过剩的窘况。

四 大学生对迁入地经济贡献不大，人才有效利用不足

通过研究人口迁移对迁入地经济的影响，发现大学生迁移人口对迁入地经济的影响较小，不及迁入人口变量、第三产业就业人数、投资规模和人口规模。这说明目前人口迁入地没能充分利用高素质人才。一方面，可能存在大学毕业生迁入的规模不大、数量不多现象，如我国东部地区虽然是人口净迁入地，但与中西部地区相比，迁入人口中，受过高等教育的人口比重相对最低，尤其是江苏、浙江、福建、广东这些人口迁移中心的大学生迁移人口比重更低，所以，高素质的劳动力对经

济的贡献较不明显；另一方面，可能大学毕业生迁入某地区后没能找到或者没能从事与他们专业技能相匹配的工作，人才供给与需求存在结构性供需失衡的矛盾，导致人才浪费。

第三节　对策建议

据我国目前人口迁移的现状和人口迁移与区域经济发展之间的关系状况，提出如下几点政策建议。

一　人口政策方面

（一）消除流动性障碍，引导人口合理迁移

根据前面的分析结果，由于人口净迁入地区的经济与迁入人口之间的相关关系最密切，人口的迁出对迁出地经济也具有正向的推动作用。而且，国内也有许多研究文献证明了人口的迁移会促进经济的发展。因此，统计我国各个地区劳动力需求数量，以及劳动力技能的需求类型，有助于引导具有不同文化素质、不同技能的人才流向有需求的地区，合理分配人力资源，实现劳动力的供需平衡。因此，应清除人口迁移的障碍，引导中西部地区过剩的人口向东部地区迁移，充分释放中部和西部地区的劳动力资源。

（二）提高国民整体文化素质水平，促进人力资本积累

在我国各区域陆续进入结构性调整的经济发展阶段，目前，我国迁移人口的文化素质水平、专业技能水平，以及迁移模式的特点将成为未来经济发展的瓶颈。因此，为了能够有效利用

我国丰富的人力资源，充分发挥"人口红利"的经济效应，一方面，需要进一步提高劳动力的文化素质水平，尤其是西部地区人口的文化素质水平；另一方面，要加强专业技术人才的培训，尤其是重视人才供需的对接，将用人需求与人才培养结合起来，为各行业发展输送专业技术人才，解决专业人才供需失衡的矛盾；最后，还要构建完善的用人信息交流平台，确保劳动力供需信息对称，为求职工人和用工企业提供信息交流媒介，但同时也要重视政府职能的导向作用，以政府政策为导向，以用人信息平台为途径，引导人口的合理迁移，有效配置人力资源。

（三）提高对人力资本的重视，充分利用人才

人力资本与经济增长之间存在密切的关系（Mankiv etc.，1992；Barro etc.，1993），[①] 该结论已经得到国内许多学者的证实。人力资本是经济增长的动力和源泉（葛小寒等，2010）[②]。所以，吸引人才并充分利用人才是提高技术水平、实现未来经济可持续发展和推动产业结构升级的基本保障。从我国各地区人力资本对地区经济增长的贡献情况看，东部地区受过高等教育的迁移人口对迁入地经济增长贡献较小。从表面上看该结论与实际情况相背离，但实际上可能因为迁入地对人才重视不够，

---

① Robert. J. B. and Xavier Sala - i - Martin. Convergence Journal of Political Economy, 1993, 100（2）. Mankiv, N. Romer D. and Weil David N. A, "Contribution to the Empiric of Economic Growth Quarterly," *Journal of Ecnomics*, 1992, 107（2）：407 - 434.

② 葛小寒、陈凌：《人力资本、人口变动与经济增长》，《人口与经济》2010年第1期。

对人才的吸引力较小，所以，大学生人口迁移规模较小，不足以对经济做出显著的贡献；另外，也可能大学生的专业与所从事行业的专业需求不匹配，导致人才供需出现结构性错位，累积的人力资本得不到有效的利用。因此，根据以上分析，人口迁入地需要提高对人力资本的重视，利用经济及政策上的优惠，吸引、鼓励大学生迁入；此外，还可以通过到大学生熟悉的网络媒介进行网上招聘，吸纳专业人才，从而缓解人才供需结构性失衡的矛盾。

（四）明确技能需求类型，以需求引导供给

近年来，随着东部沿海地区进入结构转型阶段，迁移人口的需求结构也发生了变动，尤其是对专业技能人才的需求上升，而对低技能的劳动力需求逐渐下降。所以，面临这种劳动力供需结构性失衡的矛盾，应首先明确用工企业专业技能劳动力的需求情况，以需求引导供给。一方面，人口迁出地区可以通过返乡农民工反馈技能需求类型方面的信息，有针对性地提供培训服务，这种方式既能够满足农民工在某些特定技能方面的培训需求，又能够准确地定位现阶段专业人才需求的类型，促进农民工的再就业，实现劳动力的有效配置；另一方面，人口迁入地政府可以根据当地企业用人类型的需求，有目的地提前招聘到符合条件的劳动力，并进行集中培训，通过培训考核的可以直接上岗；最后，还应该鼓励有经济实力的企业自发投资办学，缓解政府财政压力，这种方式更适合专业性较强、专业技能要求较高的行业。

二 区域经济政策方面

（一）进一步优化人口就业结构，促进劳动力产业间的合理转移

从省际迁移人口的从业结构看，2000 年以后，迁移人口中从事商业服务业的比重明显上升，而从事制造业和农业的人口比重则出现大幅下降，这说明我国人口的就业结构随着产业升级的推进也在逐步优化。但是，从我国三次产业的就业结构看，从事第一产业的人口比重过高，而作为制造业大国，第二产业就业比重还不到 1/3。因此，我国三次产业人口就业结构需要继续优化，进一步促进第一产业劳动力向二、三产业转移。具体解决措施包括：一方面，需要提高农业生产技术水平，实现机械化操作，节约劳动力，提高生产效率；另一方面，需要政府制定政策以配合农业剩余劳动力合理向二、三产业转移。由于服务业的就业弹性较大，制造业还有很大的发展空间，加上我国拥有丰富的劳动力资源，只有能够促进劳动力在产业间的合理转移，充分利用劳动力的资源优势，为人口迁移扫除障碍，吸引人才流入，才能充分发挥"人口红利"效应。

（二）构建东、中、西部地区产业联动机制，调整人力资本供给结构

改革开放后，我国经济逐渐融入世界。东部地区由于地理优势，率先发展起来，成为世界工厂。但产业的集聚与技术的进步使沿海地带传统制造业逐渐趋于饱和，经济发展速度放缓。因此，要实现东部地区经济可持续的快速增长，首先要扩大人

口迁移规模，尤其要进一步吸引高素质、专业型的人才，发展第三产业，加大投资力度，并进一步加快城市化进程。同时，促进东部地区产业逐步向中西部地区转移，从而为东部地区产业结构升级提供发展空间。虽然，当前东部地区人口集中度相对于经济集中度而言仍有较大的提升潜力，但随着东部地区产业的升级，人才的需求结构也随之发生改变，出现了失业和职位空缺共存的矛盾。所以，东部地区目前不但要改革户籍制度、改善医疗保障、解决民工子女教育等问题，消除本地居民与外来人员的鸿沟，使迁移人口能够受到市民化的待遇，而且还要提升东部地区产业结构水平，逐步实现产业转型，引导东部地区劳动密集型产业向中西部地区转移。

（三）鼓励中西部地区招商引资，提高经济对人口的承载能力

中西部地区经济发展与投资、对外贸易和就业水平密切相关。所以，促进中西部地区经济发展，缩小与东部地区的经济发展差距，首先要改善投资环境、进一步贯彻西部大开发、中部崛起和东北老工业基地振兴的政策，利用中西部地区资源优势承接东部地区的产业，吸引国内外资金流入，搞活经济，提高生产技术水平，为产业发展和创新设立基金项目，鼓励中小企业发展，为中小企业发展提供资金支持，提高经济活力，充分利用地区丰富的劳动力资源优势，提高劳动力就业水平，推动中西部地区经济快速发展。

（四）加大对小城镇建设支持力度，减轻大城市的人口压力

经过户籍制度改革的不断摸索与实践，目前，我国的建制镇和小城市的落户已经完全没有限制，中等城市的落户也将逐步开放，农村人口基本上可以自由流入中小城市。但是，户籍政策开放的同时，需要加强对中小城市及城镇的城市化建设问题的重视，提高对城市建设的资金和项目的支持力度，加强产业建设力度和社会公共基础设施建设投入，提高地区经济活力，从而提升其对周边农村人口的吸引力，引导农村人口就近就业，缓解大城市不断积聚的人口压力，从而实现我国人口的合理布局。

总的来说，虽然我国目前仍处于"人口机会窗口期"，但能否充分利用，将其转化为"人口红利"还是一个未知数，需要在国家政策、制度，以及一定的经济和社会环境条件下才能获得"人口红利"带来的额外经济成果。[①] 所以，充分利用人口红利，发挥人口红利给经济发展带来的机遇，需要调整劳动力供给结构与经济发展需求结构之间的关系，引导人口在不同区域间或产业间的合理迁移。

---

① 王颖、佟健、蒋正华：《人口红利、经济增长与人口政策》，《人口学刊》2010 年第 5 期。

参考文献

[1] W. A. 刘易斯：《二元经济论》，施炜等译，北京经济学院出版社，1989。

[2] 王德文：《刘易斯转折点与中国经验，人口与劳动绿皮书（2008）》，社会科学文献出版社，2008。

[3] M. P. 托达罗：《第三世界的经济发展学》，印金强等译，中国人民大学出版社，1988。

[4] T. W. 舒尔茨：《人力资本投资》，吴珠华等译，北京经济学院出版社，1990。

[5] 马侠：《中国城镇人口迁移》，中国人口出版社，1994。

[6] 谭晓青：《城镇人口迁移与生育》，《中国城镇人口迁移》，中国人口出版社，1994。

[7] 杨云彦：《中国人口迁移与发展的长期战略》，武汉出版社，1994。

[8] 王桂新：《中国人口分布与区域经济发展，一项人口分布经济学的探索研究》，华东师范大学出版社，1997。

[9] 戚本超：《中国区域经济发展报告（2011～2012）》，社会科学文献出版社，2012。

［10］ 国家人口发展战略研究课题组：《我国人口迁移区实际空间格局演变研究》，载《国家人口发展战略研究报告（上）》，中国科学院地理科学与资源研究所课题组。

［11］ 马红旗、陈仲常：《我国省际流动人口的特征》，《人口研究》2012 年第 6 期。

［12］ 李家伟、刘贵山：《当代西方人口迁移与流动的理论、模式和假说述评》，《新学术》2007 年第 5 期。

［13］ 陈谊：《农村剩余劳动力转移理论综述》，《重庆科技学院学报》（社会科学版）2007 年第 4 期。

［14］ 杨文选、张晓艳：《国外农村劳动力迁移理论的演变与发展》，《经济问题》2007 年第 6 期。

［15］ 盛来运：《国外劳动力迁移理论的发展》，《统计研究》2005 年第 8 期。

［16］ 廖正宏：《人口迁移》，台湾：三民书局，1985。

［17］ 张冬敏：《省际人口迁移的研究综述》，《改革与开放》2009 年第 5 期。

［18］ 王桂新、刘建波：《20 世纪 90 年代后期我国省际人口迁移区域模式研究》，《市场与人口分析》2003 年第 4 期。

［19］ 魏星、王桂新：《中国东、中、西三大地带人口迁移特征分析》，《市场与人口分析》2004 年第 5 期。

［20］ 王桂新、沈建法、刘建波：《中国城市农民工市民化研究——以上海为例》，《人口与发展》2008 年第 1 期。

［21］ 王化波、C. Cindy Fan：《省际间人口迁移流动及其原因探析》，《人口学刊》2009 年第 5 期。

［22］蔡昉、王德文：《中国经济增长可持续性与劳动贡献》，
《经济研究》1999 年第 10 期。

［23］王桂新：《关于中国地区经济收入差距变动问题的研究》，
《华东师范大学学报》（社会科学版）1996 年第 6 期。

［24］敖荣军：《制造业集中、劳动力流动与中部地区的边缘
化》，《南开经济研究》2005 年第 1 期。

［25］翟锦云、马建：《中国广东省人口迁移问题探讨》，《人口
研究》1994 年第 2 期。

［26］杜小敏、陈建宝：《人口迁移与流动对我国各地区经济影
响的实证分析》，《人口研究》2010 年第 5 期。

［27］王桂新、黄颖珏：《中国省际人口迁移与东部地带的经济发
展：1995～2000》，《人口研究》2005 年第 1 期。

［28］范剑勇、王立军、沈林洁：《产业集聚与农村劳动力的跨
区域流动》，《管理世界》2004 年第 4 期。

［29］姚林如、李莉：《劳动力转移、产业集聚于地区差异》，
《财经研究》2006 年第 8 期。

［30］任远、王桂新：《常住人口迁移与上海城市发展研究》，
《中国人口科学》2003 年第 5 期。

［31］袁晓玲、张宝山、胡得佳：《人口迁移对区域经济增长地
区差异的影响分析——以陕西省为例》，《华东经济管理》
2009 年第 9 期。

［32］张胜康：《论城市外来人口及其对城市的影响》，《现代城
市研究》1995 年第 2 期。

［33］朱春明：《我国区域经济增长中的"马太效应"未来与发

展》1990 年第 5 期。

[34] 蔡昉：《人口迁移和流动的成因、趋势与政策》，《中国人口科学》1995 年第 6 期。

[35] 张文新、朱良：《近十年来中国人口迁移研究及其评价》，《人文地理》2004 年第 2 期。

[36] 陈卫、吴丽丽：《中国人口迁移与生育率关系研究》，《人口研究》2006 年第 1 期。

[37] 马万昌：《刍议当前外来人口对北京文化的影响》，《北京联合大学学报》2000 年第 1 期。

[38] 李朝辉：《人口流动与城市冲突》，《中国改革》2005 年第 9 期。

[39] 黄爱玲：《留守孩子心理健康水平分析》，《中国心理卫生杂志》2004 年第 5 期。

[40] 刘文明：《留守妻子与社会和谐：社会资本视角的分析》，《社会科学》2007 年第 3 期。

[41] 王桂新：《我国省际人口迁移发生作用模型分析》，《人口学刊》1993 年第 4 期。

[42] 蔡昉、王德文：《作为市场化的人口流动——第五次全国人口普查数据分析》，《中国人口科学》2003 年第 5 期。

[43] 郝品石：《户籍制度改革的另一思路》，《读书》2003 年第 2 期。

[44] 赵晓莲、张庆军：《我国现行户籍制度社会分层弊端刍议》，《法制与社会》2007 年第 1 期。

[45] 江业文：《新中国户籍制度与三农问题的关系研究》，《湖

南农业大学学报》（社会科学版）2008 年第 6 期。

[46] 杨川丹：《改革户籍制度建立一体化的劳动力市场》,《劳动保障世界》2009 年第 1 期。

[47] 韩央迪：《守卫抑或僭越——"伯克利观察法"视角下的中国二元户籍制度改革》,《兰州学刊》2008 年第 6 期。

[48] 余佳、丁金宏：《中国户籍制度：基本价值、异化功能与改革取向》,《人口与发展》2008 年第 5 期。

[49] 孟兆敏：《我国户籍制度改革研究的回顾与展望》,《西北人口》2008 年第 1 期。

[50] 冯清华、胡术鄂：《我国户籍管理制度存在的问题及其改革》,《社会科学家》2006 年增刊。

[51] 李若建：《中国人口的户籍现状与分区域推进户籍制度改革》,《中国人口科学》2003 年第 3 期。

[52] 漆先望等：《以土地换社保,变农民为市民——改革户籍制度的可行思路》,《四川省情》2008 年第 3 期。

[53] 郭台辉：《制度体系变动中的大户籍制改革》,《岭南学刊》2008 年第 3 期。

[54] 李仪俊：《一九五三——一九八二年我国人口重心研究》,《中国社会科学》1983 年第 6 期。

[55] 郭克莎：《中国工业化的进程、问题与出路》,《中国社会科学》2000 年第 3 期。

[56] 王桂新、刘建波：《长三角和珠三角地区省际人口迁移比较研究》,《中国人口科学》2007 年第 2 期。

[57] 逯进、朴明根：《西部地区人口迁移与经济增长关系的演

进分析》,《财经问题研究》2008 年第 3 期。

[58] 李国平、范红忠:《生产集中、人口分布与地区经济差异》,《经济研究》2003 年第 11 期。

[59] 王桂新、刘建波:《1990 年代后期我国省际人口迁移区域模式研究》,《市场与人口分析》2003 年第 4 期。

[60] 胡鞍钢、才利民:《从"六普"看中国人力资源变化:从人口红利到人力资源红利》,《清华大学教育研究》2011 年第 4 期。

[61] 朱春明:《我国区域经济增长中的"马太效应"》,《未来与发展》1990 年第 5 期。

[62] 许月卿、贾秀丽:《近 20 年来中国区域经济发展差异的测度与评价》,《经济地理》2005 年第 9 期。

[63] 花俊、顾朝林、庄林德:《外资对我国区域经济增长的影响》,《经济地理》2001 年第 6 期。

[64] 章昌平、廉超、裴金平:《Theil 系数、基尼系数和县域差异的实证分析》,《统计与决策》2013 年第 3 期。

[65] 魏后凯:《外商直接投资对中国区域经济增长的影响》,《经济研究》2002 年第 4 期。

[66] 冯丽媛、段汉明:《银川平原人口空间分布研究》,《西北人口》2012 年第 5 期。

[67] 翟锦云、马建:《我国广东省人口迁移问题探讨》,《人口研究》1994 年第 2 期。

[68] 王桂新、黄颖珏:《中国省际人口迁移与东部地带的经济发展:1995～2000》,《人口研究》2005 年第 1 期。

[69] 孙峰华、李世泰、杨爱荣、黄丽萍:《2005 年中国流动人口分布的空间格局及其对区域经济发展的影响》,《经济地理》2006 年第 6 期。

[70] 王德、朱玮、叶晖:《1985～2000 年我国人口迁移对区域经济差异的均衡作用研究》,《人口与经济》2003 年第6 期。

[71] 段平忠、刘传江:《人口流动对经济增长地区差距的影响》,《中国软科学》2005 年第 12 期。

[72] 袁晓玲、张宝山、胡得佳:《人口迁移对区域经济增长地区差异的影响分析——以陕西省为例》,《华东经济管理》2009 年第 9 期。

[73] 姚枝仲、周素芳:《劳动力流动与地区差距》,《世界经济》2003 年第 4 期。

[74] 蔡昉:《人口迁移和流动的成因、趋势与政策》,《中国人口科学》1995 年第 6 期。

[75] 张文新、朱良:《近十年来中国人口迁移研究及其评价》,《人文地理》2004 年第 2 期。

[76] 张胜康:《论城市外来人口及其对城市的影响》,《现代城市研究》1995 年第 2 期。

[77] 肖卫、向国成、朱有志:《刘易斯转折点与库兹涅茨假说下的劳动力分流研究》,《中国人口科学》2011 年第 1 期。

[78] 高国力、季任军:《区域经济发展过程中的人口迁移研究》,《经济地理》1995 年第 2 期。

[79] 王桂新、毛新雅、张伊娜:《中国东部地区三大都市圈人

口迁移与经济增长极化研究》，《华东师范大学学报》（哲学社会科学版）2006 年第 5 期。

[80] 俞路、张善余：《基于空间统计的人口迁移流分析——以我国三大都市圈为例》，《华东师范大学学报》（哲学社会科学版）2005 年第 5 期。

[81] 王德、朱玮、叶晖：《1985～2000 年我国人口迁移对区域经济差异的均衡作用研究》，《人口与经济》2003 年第 6 期。

[82] 黄润龙：《长三角城市群的经济发展与人口老龄化》，《现代经济探讨》2011 年第 12 期。

[83] 王德、朱玮、叶晖：《1985～2000 年我国人口迁移对区域经济差异的均衡作用研究》，《人口与经济》2003 年第 6 期。

[84] 万能：《中国大城市的非正式人口迁移——以京津沪为例》，南开大学经济学院硕士学位论文，2009。

[85] 张祺：《中国人口迁移与区域经济发展差异研究》，复旦大学社会发展与公共政策学院博士学位论文，2008。

[86] 葛小寒、陈凌：《人力资本、人口变动与经济增长》，《人口与经济》2010 年第 1 期。

[87] 陈红霞：《土地集约利用背景下城市人口规模效益与经济规模效益的评价》，《地理研究》2012 年第 10 期。

[88] Ohlin B., *Interregional and International Trade*, Cambridge, MA: Harvard University Press. Revised version published in 1968, 1933: 657.

[89] Lowry, I. S. , *Migration and Metropolitan Growth*: *Two Analytic Methods*, San Francisco, CA: Chandler, 1966.

[90] Fotheringham, A. Stewart and Morton E. O' Kelly, *Spatial Interaction Models*: *Formulations and Applications*, Dordrecht, Netherlands: Kluwer Academic Publishers, 1989.

[91] Richardson, Harry W. , *Regional Economics*, Urbana, IL: University of Illinois Press, 1978: 108 – 109.

[92] Zipf, G. K. *Human Behaviour and the Principle of Least Effort*: *An Introduction to Human Ecology*, Hafner, 1965: 1 – 573.

[93] Lowry, I. S. *Migration and Metropolitan Growth*: *Two Analytic Methods*, San Francisco, CA: Chandler, 1966.

[94] M. Sc. Tanja Pavlov. *Migrant Potential of Serbia*, Belgrade: Group 484, 2009.

[95] Da Vanzo, J. *Difference between Return and Non – Return Migration*, an Econometric Analysis Rand Paper Series, Rand Co. 1957: 5048.

[96] Ravenstein, E. G. , "The Laws of Migration," *Journal of the Royal Statistical Society*, 1889, 52: 241 – 301.

[97] Herberle R. , "The Causes of Rural – Urban Migration: A Survey of German Theories American," *Journal of Sociology*, 1938 (43): 932 – 950.

[98] Mabogunje, A. K. A System Approach to a Theory of Rural – Urban Migration Geographic Analysis, 1970, (2): 10 – 11.

[99] Everett S. Lee. A theory of Migration Demography, 1966, 3

(1): 47 - 57.

[100] Stark O, D Bloom. , "The New Economics of Labor Migration," *American Economic Review*, 1985, (75): 173 - 178.

[101] Piore, Michael J. *Birds of Passage: Migrant Labor and Industrial Societies*, Cambridge University Press, 1979.

[102] Zelinsky W. , "The Hypothesis of the Mobility Transition," *Geographical Review*, 1971, 61 (2): 219 - 249.

[103] Krugman P. , "Increasing Returns and Economic Geography," *Journal of Political Economy*, 1991, 99 (3): 483 - 499.

[104] Cindy Fan. Inter - Provincial Migration, Population Redistribution and Regional Development in China: 1990 and 2000 Census Comparisons The Professional Geographer, 2005 (2): 295 - 311.

[105] You, Helen Xiuhong, Dudley L. Poston, "Are Floating Migrants in China, Childbearing Guerillas: An Analysis of Floating Migration and Fertility," *Asia and Pacific Migration Journal*, 2004, 13 (4).

[106] Gui, S. X. , "Report from Mainland China: Status and Needs of Rural Elderly in the Suburbs of Shanghai," *Journal of Cross - Cultural Gerontology*, 3 (2): 149 - 167.

[107] Fan Cindy C. Interprovincial Migration, Population Redistribution, and Regional Development in China, 1990 and 2000 Census Comparisons The Professional Geographer, 2005, 57

(2): 295 - 311.

[108] Shryock, Henry S. , Jacob S. Siegel and Associates. *The Methods and Materials of Demography New York*. Academic Press, 1976: 394 - 395.

[109] Fan Cindy C. Modeling Interprovincial Migration in China, 1985 - 2000 Eurasian Geography and Economics, 2005, 46 (3): 165 - 184.

[110] Sun H. , "Direct Foreign Investment and Linkage Effects: the Experience of China," *Asian Economics*, 1996, 25 (1): 5 - 28.

[111] Dali Yang. , "Patterns of China's Regional Development Strategy," *China Quarterly*, 1990 (122), Jun. 1990: 231 - 257.

[112] Greenwood, Michael J. , "An Analysis of the Determinants of Geographic Labor Mobility in the United States," *Review of Economics and Statistics*, 1969, 51 (2): 189 - 194.

[113] Kau, J. B. and C. F. Sirmans. , "A Recursive Model of the Spatial Allocation of Migrants" *Journal of Regional Science*, 19, 1979: 47 - 56.

[114] Arjan De Haan, Ben Rogaly. , "Labor Mobility and Rural Society," *The Journal of Development Studies*, 2002, 38 (6).

[115] Poston, Dudley L. , and Michael Xinxiang Mao. Interprovincial Migration in China, 1985 - 1990 Research in Rural Sociology

and Development, 1998, 7: 227 – 250.

[116] Liang, Zai and Michael J. White. Market Transition, Government Policies, and Interprovincial Migration in China: 1983 – 1988 Economic Development and Cultural Change, 1997: 321 – 139.

[117] Boza T. G. , Menjiva C. , "Causes and Consequences of Internal Migration," *The International Journal of Human Rights*, 2012, 16 (8): 1213 – 1227.

[118] Robert. J. B. and Xavier Sala-i-Martin. , "Convergence," *Journal of Political Economy*, 1993, 100 (2) .

[119] Mankiv, N. Romer D. and Weil David N. A, "Contribution to the Empiric of Economic Growth," Quarterly Journal of Ecnomics, 1992, 107 (2).

图书在版编目(CIP)数据

中国省际人口迁移和区域经济发展研究：基于"六普"
数据的分析/李袁园著.—北京：社会科学文献出版社，
2014.11
　ISBN 978 - 7 - 5097 - 6344 - 5

　Ⅰ.①中…　Ⅱ.①李…　Ⅲ.①人口迁移 - 研究 - 中国
②区域经济发展 - 研究 - 中国　Ⅳ.①C924.2②F127

中国版本图书馆 CIP 数据核字（2014）第 178685 号

中国省际人口迁移和区域经济发展研究
　　——基于"六普"数据的分析

著　　者／李袁园

出 版 人／谢寿光
项目统筹／恽　薇　高　雁
责任编辑／王婧怡　刘宇轩

出　　版／社会科学文献出版社·经济与管理出版中心 （010）59367226
　　　　　地址：北京市北三环中路甲 29 号院华龙大厦　邮编：100029
　　　　　网址：www. ssap. com. cn
发　　行／市场营销中心 （010）59367081　59367090
　　　　　读者服务中心 （010）59367028
印　　装／三河市尚艺印装有限公司

规　　格／开　本：787mm × 1092mm　1/16
　　　　　印　张：11.5　字　数：119 千字
版　　次／2014 年 11 月第 1 版　2014 年 11 月第 1 次印刷
书　　号／ISBN 978 - 7 - 5097 - 6344 - 5
定　　价／49.00 元